Danksagung

Wenn ein Buch erscheint, so steht immer der Autor im Vordergrund. Das ist nicht besonders fair, weil es immer vieler Menschen bedarf, die eine solche Publikation überhaupt erst ermöglichen. Das war auch bei mir der Fall. Und die lieben Menschen, die mir während des Schreibens eine Hilfe gewesen sind, sollen hier nun besondere Erwähnung finden. Ich hoffe, an alle gedacht zu haben.

Und selbstverständlich geht der Dank auch an meine Liebsten zuhause – an meine Frau und meine wunderbaren Kinder, die mir immer die Kraft und die Zeit gegeben haben, mich meinem Buchprojekt zu widmen. Ohne euch hätte ich das niemals geschafft. Auch meinen Eltern und meinem Bruder möchte ich für die stets aufmunternden Worte einem herzlichen Danke aussprechen.

Keinen geringen Anteil an der Fertigstellung haben auch Pascal Schildknecht und Jens Neubeck, denen ich ebenfalls nicht genug danken kann. Immer, wenn ich davor war, alles hinzuwerfen, habt ihr mich wieder aufgebaut und zum Weitermachen ermutigt.

Vielen Dank an alle – ich weiß das sehr zu schätzen.

Ralf Lendi

Investieren leicht gemacht

Die Wahrheit über intelligentes und einfaches Investing, zum Vermögensaufbau, von dem Sie bis heute ferngehalten wurden.

"Seien Sie ängstlich, wenn die Welt gierig ist, und seien Sie gierig, wenn die Welt ängstlich ist."

„Warren Buffet

VORWORT

Weiterführende Informationen zum Buch «Investieren leicht gemacht» und Tools, die Burggraben- Checkliste und die Anleitung zu diesem Buch findet Ihr auf:

https://digitalnews.ch/finanzen

Der kostenlose Finanzblog soll einen Leitfaden sein wie man Aktien ausfindig macht die langfristig stetig und steigende Jahresrenditen.

Mit dem Kurs Vermögensaufbau finden Sie geeignete Sparpläne bei denen Monatlich ein Betrag dafür aufgewendet wird, z.B. für Ihre Kinder, Enkel oder Sich selbst.

Unterstützung durch den Dividenden Alarm. Finden Sie geeignete Aktien die Regelmässig ausschütten.

Falls Sie doch Traden möchten, gibt es eine automatisierte Unterstützung, mit künstlicher Intelligenz. Die Software tradet automatisch und kann einem so helfen das Daytrading zu erlernen. Es ist aber sinnvoll hier nur Kapital einzusetzen das wirklich nicht gebraucht wird. Ein Totalverlust ist hier sehr schnell möglich. Dazu wird auch ein Forex oder Trader Konto benötigt. Die Software läuft auf dem Metatrader 4 bei mir persönlich.

Zum Gender- Thema

Ich bin kein Freund von politisch korrekten, aber das Lesen erschwerenden Formulierungen in Gender-Speech oder -Schreibweise. Binnen-I, Sternchen, Partizip Formen, etc. rollen mir die Zehennägel auf (sieht nicht schön aus glauben Sie mir).

Wer nicht die «intellektuelle Brillanz» besitzt, den für Beispiele aus seiner Welt richtigen Genuss einzusetzen, ist vermutlich eh falsch hier!

Dieses Werk wird regelmässig basierend auf Leser-Feedbacks und
-Fragen ergänzt und erweitert. Wenn es so weit ist, erfahrt Ihr automatisch über die Verkaufsplattform, bei der das Buch gekauft wurde.

Es zählt Euer Erfolg an der Börse.
Schreibt doch eine Rezession im Shop damit ich dieses Werk aktualisieren kann.

Was müsst Ihr wissen:
Ihr lernt in diesem Buch nicht wie Ihr schnell reich werdet. Es geht hier mehr darum eine fundierte Basis zu legen und langfristig Geld zu verdienen. Es wird nicht gezockt. Das Hauptmerkmal liegt darin möglichst wenig Geld zu verlieren, dadurch steigen die Gewinne. Mit den Dividenden werden passive Einkommen erzeugt, die Ihr für Urlaub oder Reinvestition brauchen könnt. Also für was auch immer. Wer sagt schon Nein zu einem fast Kostenlosen Urlaub mehr dazu auf meiner Infoseite mit den kostenlosen Inhalten.

Sehr wichtig ist auch das eigene Mindset. Handle nicht wie alle am Markt. Stehe auch mal eine flaute durch oder einen Verlust. Verkaufe dann nicht gleich wie es der Kopf sagt, sondern nutze die Chance und Kaufe weitere Aktien. Dies ergibt dann einen neuen tieferen durchschnittlichen Kaufpreis, was zu höheren Gewinnen führen kann, LANGFRISTIG denken ist hier angesagt. Fehler müssen gemacht werden, um zu lernen. Deshalb ist es wichtig mit den zusätzlichen Hilfsmitteln, den geeigneten Einstiegskurs zu ermitteln, damit man nicht zu viel bezahlt.

Mit diesem Ratgeber soll bezweckt werden, dass in einfachen Worten, das Sparen erlernt werden kann. Es soll aufzeigen, wie die Verluste minimiert werden können, durch die einfache und richtige Aktienanalyse.

Es wird aufgezeigt, wie man mit Kennzahlen eine Bewertung durchführt.

Mit den wichtigsten Zahlen kann der Innere Wert einer Aktie oder der Firma vollzogen werden.
Mit der kostenlosen Checkliste die Ihr auf

https://digitalnews.ch/finanzen

herunterladen könnt, ist dies noch einfacher zu bewältigen. Mit der Richtigen Anlagestrategie kann so einfach Vermögen aufgebaut werden.

AKTIENMARKT

Folgen Sie niemals den täglichen Schwankungen des Aktienmarktes, ausser Sie möchten spekulieren oder Trading betreiben. Keine Angst vor Schwankungen am Aktienmarkt, die Volatilität ist unser Freund. Das Gespenst der Volatilität geht um: Schwankungen am Aktienmarkt und Nachrichten über starke Kursausschläge sorgen für Verunsicherung. In Zeiten, in denen traditionelle sichere Anlageformen wie Versicherungen kaum noch Zinsen erbringen, fragen sich viele Anleger, ob ein Aktieninvestment nicht zu risikoreich ist – Zeit für eine Bestandsaufnahme. Es stimmt: Die Aktienmärkte schwanken, denn das liegt in ihrer Natur. Eine Faustregel besagt, dass es in „Bullenmärkten" relativ stetig bergauf und in einem „Bärenmarkt" unter starken Kursausschlägen nach unten geht.

Bei fallenden Kursen sind die Marktteilnehmer verunsichert und reagieren stärker auf kleine Signale als in Zeiten, in denen die Zuversicht überwiegt. Die Volatilität ist ein Mass für diese Kursschwankungen. Sie wird als Standardabweichung der Kursschwankungen über einen bestimmten Zeitraum berechnet – bei Aktien sind dies üblicherweise 365

Tage. Ein Blick auf die Statistik zeigt, dass die Faustregel oft zutrifft. So weist der DAX über die vergangenen fünf Jahre eine jährliche Volatilität von 19,34 Prozent auf (Stand: 02.12.2016). Auf dem Höhepunkt der Finanzkrise im Jahr 2008 erreichte die Jahres-Volatilität des DAX einen Wert von 38,14 Prozent, während der Verlustphase im Jahr 2011 kletterte sie noch einmal auf 28,87 Prozent.

SCHWANKUNGEN AM AKTIENMARKT: EINE FRAGE DER STRATEGIE

Die Volatilität hat also als Risikomass durchaus ihren Sinn. Die entscheidende Frage lautet aber: Wie gehen langfristig orientierte Anleger damit um? Denn eines ist sicher: Wer sein Geld aus Angst vor dem Aktienmarkt in Termingeld parkt, kommt bei Vermögensaufbau und Vorsorge nicht vom Fleck. Im Jahr 2020 ist ja die Nullzins Politik an der Tagesordnung. Gehen wir systematisch an das Problem heran. Dazu teilen wir es in zwei Teilfragen. Erstens: Welche Rolle spielt die Volatilität überhaupt für langfristig orientierte Anleger? Und zweitens: Welche Folgen ergeben sich daraus für die Anlagestrategie?

LANGFRISTIG SPIELT DIE VOLATILITÄT EINE GERINGE ROLLE

Die Antwort auf die erste Frage steckt bereits in der oben genannten Definition: Die Volatilität beschreibt Kursschwankungen um einen Mittelwert, und auf den kommt es an. Denn die Erfahrung zeigt, dass die Aktienmärkte über längere Zeiträume in Summe fast immer gestiegen sind. Das Renditedreieck des Deutschen Aktieninstituts (DAI) zeigt z. B.: Über Anlagezeiträume von mehr als 15 Jahren hat der DAX bislang stets Gewinne erbracht, und das weit überwiegend bei annualisierten Renditen im hohen einstelligen bis zweistelligen Bereich. Daher sollten Anleger sich von kurzfristigen Kursausschlägen nicht aus der Ruhe bringen zu lassen.

Doch, wenn hohe Volatilität ein Indikator für fallende Märkte ist, sollte es dann nicht darum gehen, diese zu vermeiden? Leider ist es fast unmöglich, fallende und steigenden Märkte zu erkennen. Selbst professionellen Vermögensverwaltern gelingt dies so gut wie nie: Nur 2,2 Prozent von ihnen schaffen es, langfristig besser zu sein als der Markt. Für Privatanleger ist daher die sinnvollste Strategie, sich auf langfristige Zugewinne zu konzentrieren.

Den optimalen Investitionszeitpunkt gibt es (in der Realität) nicht Kurzfristige Kursschwankungen und mittelfristige Marktzyklen lassen sich dennoch nicht vermeiden. Viele Anleger fragen sich daher, ob sie beim Investment die Marktlage abwarten sollten. Besonders bei guter Börsenlage warten viele auf den nächsten Einbruch – doch diese Strategie kann in einem Teufelskreis enden, und das Geld wird am Ende gar nicht investiert. Die Wahrheit ist: Der Investitionszeitpunkt hat zwar einen grossen Einfluss auf den Anlageerfolg, doch leider ist es kaum möglich, ihn zu erwischen. Ein rationaler Anleger investiert den gewünschten Betrag daher immer sofort. Die Volatilität ist ein Zufallsprozess, der weder in der Theorie noch in der Praxis prognostizierbar ist. Auch wer plant, regelmässig etwas zurückzulegen, sollte daher versuchen, sich nicht beeinflussen zu lassen. In diesem Fall ist ein Sparplan der richtige Weg. Dabei wird in gleichen Abständen ein konstanter Betrag investiert – unabhängig von der aktuellen Marktlage. Also so wie wir hier sehen ist ein richtiges Mindset von Vorteil. Es schadet auch nie etwas Barbestand auf dem Anlage-Konto zu haben, damit man reagieren kann, falls die Kurse fallen. Mit dem Zukauf von Aktien sinkt der eigene Einstandskurs. Er wird ermittelt aus dem Kaufpreis von damals und dem Aktuellen. Somit hat man eventuell, die etwas zu teuer gekauften Aktien doch noch etwas günstiger im Depot. Somit kann man den Gewinn erhöhen, wenn sich die Marktlage verbessert.

DIVERSIFIZIEREN UND OPTIMIEREN

Für Anleger, die sich von diesen Grundsätzen leiten lassen, spielen andere Faktoren eine weitaus grössere Rolle als die kurzfristige Volatilität. Die beiden wichtigsten lauten: Diversifikation und Produktqualität. So können Anleger mit einzelnen Aktien durchaus auch langfristig danebenliegen und dauerhaft Verlust einfahren. Die Gründe dafür sind so komplex, dass auch professionelle Fondsmanager sie nicht mit Sicherheit voraussagen, können. Daher zählt eine möglichst intelligente Streuung des Kapitals. unabhängig von der aktuellen Marktlage. Dafür bieten sich börsennotierte Indexfonds (ETFs) an, die einen breiten Marktindex nachbilden. Ein gut diversifiziertes Portfolio kombiniert ETFs auf eine Reihe von Märkten, um auch die unterschiedliche Entwicklung verschiedener Regionen und Sektoren auszugleichen. Da die Märkte sich selten im Gleichschritt entwickeln, lassen sich so auch Schwankungen verringern. Viele ETFs sind zudem über Sparpläne schon mit geringen monatlichen Zahlungen verfügbar.

Doch der Teufel steckt im Detail. Denn durch den Zinseszinseffekt können über längere Zeiträume auch kleine Unterschiede zum Beispiel in der Kostenstruktur eines ETFs – wie etwa die Managementgebühr, ein

Ausgabeaufschlag oder die steuerliche Behandlung – erhebliche Auswirkungen auf die Renditeentwicklung im Portfolio haben. Legt ein Sparer etwa monatlich 200 Euro mit einer Wertentwicklung von jährlich 5 Prozent an, bleiben ihm bei einem Orderentgeld von 2,50 Prozent nach 20 Jahren rund 80.536 Euro. Entfällt bei einem kostenlosen Sparplan das Orderentgeld, kann sich der Anleger über 82.549 Euro freuen. Diese Faktoren werden leicht übersehen – für Anleger, die langfristig investieren, können sie jedoch eine grössere Rolle spielen als die kurz- oder mittelfristige Entwicklung der Märkte.

Hier werden meistens ETF's empfohlen von MSCI World UCITS, hier gibt es verschiedene Anbieter. Der MSCI World Index bietet Zugang zu den internationalen Aktienmärkten in 23 Industrieländern.

Dazu um sich etwas breiter aufzustellen, wird meistens noch der MSCI Emerging Markets UCITS empfohlen. Dieser ETF-Index bietet Zugang zu den grössten und liquidesten Aktien aus Schwellenländern.

Falls jemand sich mehr mit diesem Thema auseinandersetzen möchte, habe ich bei den Zusatz Materialien in meinen Finanzblog aufgeführt. Bei diesem lernt man alles über das Sparen mit ETF's. Er zeigt auf wie man für sich die Richtigen ETF's findet und wie man diese richtig besparen kann. Auf Justetf kann man die für sich geeigneten Produkte finden, mehr Infos über die einzelnen ETF's ausfindig machen und miteinander vergleichen.

DIE AUSWIRKUNGEN DER UNSICHERHEIT AUF DIE WIRTSCHAFT

Ein stabiles wirtschaftliches Umfeld begünstigt die Kreditvergabe, die Investitionen und den Konsum. Stabilität ist jedoch eine schwer messbare Grösse und wird stark von der subjektiven Wahrnehmung beeinflusst. Aber was ist mit Instabilität und Unsicherheit?

Ungewisse Auswirkungen

Diese Unsicherheiten schlagen sich in der Stimmung von Finanzanalysten, Konsumenten und Firmen nieder. Die untere Grafik zeigt die kurzfristigen Konjunkturerwartungen von Finanzanalysten für die Schweiz. Wie aus der Grafik ersichtlich wird, führte die Annahme der MEI zu einer deutlichen Trübung der Stimmung. Wie die Initiative umgesetzt werden sollte, war zum Zeitpunkt der Annahme noch völlig unklar.

Auch die Stimmung der Unternehmen wird durch Ereignisse beeinflusst, die nicht unmittelbar mit der Schweizer Wirtschaft verbunden sind und deren Auswirkungen auf die Schweizer Wirtschaft grösstenteils ungewiss scheinen. Dies zeigt der Ausschlag im Geschäftsklima-Indikator der Konjunkturforschungsstelle der ETH Zürich (KOF) nach dem Brexit-Votum in Grossbritannien.

STIMMUNGSSCHWANKUNGEN AM MARKT

Ebenso zeigt die untere Grafik die Erwartungen der privaten Haushalte für die Zukunft. Diese Erwartungen werden im Rahmen der Konsumentenstimmungsumfrage des Seco nur quartalsweise erhoben, doch dürfte dies nicht der einzige Grund für die weniger starken Stimmungsschwankungen sein: Für die Laune der Konsumenten ist die Einschätzung der zukünftigen Wirtschaftslage schlichtweg weniger bedeutend als die Sicherheit der eigenen Arbeitsstelle.

Wir stellen also fest, dass die Stimmung in den Chefetagen der Unternehmen und an den Märkten stark von der Unsicherheit im wirtschaftspolitischen Kontext geprägt ist. Faktisch lassen sich die Auswirkungen grösserer Unsicherheit jedoch nur an den Finanzmärkten nachweisen. So löste der Brexit-Entscheid einen vorübergehenden Einbruch der Schweizer Aktiennotierungen aus.

In vielen realwirtschaftlichen Entscheidungssituationen überwiegen hingegen andere Effekte. Ein Beispiel sind die Investitionen von Unternehmen: Trotz grosser Unsicherheit in Bezug auf die Umsetzung der MEI sind diese nicht weggebrochen.

Egal ob Rezession oder Aufschwung: Möglichst genaue Vorhersagen der wirtschaftlichen Entwicklung bilden die Grundlage für viele Planungen des Staates wie den Haushalt. Die aktuellen Schätzungen wichtiger Institutionen für Deutschland im Überblick.

Wie sich die Wirtschaft in naher Zukunft entwickelt, lässt sich nur schätzen. Regierungen, internationale Organisationen und Wirtschaftsforscher versuchen regelmässig, die konjunkturelle Entwicklung anhand verschiedener Annahmen möglichst genau vorherzusagen. Prognosen bilden dabei unter anderem die Grundlage für die Steuerschätzung und die Haushaltsplanung des Staates.

Die Vorhersagen für das Wirtschaftswachstum schwanken teilweise sehr stark und werden im Laufe eines Jahres regelmässig nach oben oder unten korrigiert. Die aktuellen Prognosen für die Entwicklung des deutschen Bruttoinlandsprodukts (BIP) im Überblick.

Kaufen Sie ein Unternehmen, nicht seine Aktie.

SIE INVESTIEREN NICHT IN AKTIEN, SIE INVESTIEREN IN UNTERNEHMEN

Wie viel lukrativer ist es doch, darüber nachzudenken, ob ein Produkt oder eine Dienstleistung – in nächster, weiterer Zukunft – immer noch Bestand hat (trotz aller widrigen Umstände in dieser Welt), anstelle ständiges Fragen, ob ich kaufen oder verkaufen soll.

"Unterschätzen Sie niemals Ihr Selber-Denken und Selber-Handeln"

Wer ein Unternehmen kauft, der sollte wissen, was dort geschieht. Sie tätigen auch keine langfristige Investition in eine Ausbildung, ohne zu wissen, was Sie da buchen. An der Börse scheint das aber für viele vollkommen in Ordnung zu sein.

Doch genau dort trennt sich der Spreu vom Weizen. Wissen kommt immer vor Unwissenheit, Strategie vor Lotterie und Unternehmen immer vor Aktien. Wer in Einzelunternehmen investiert, weiss, was er tut, wer "nur" Aktien kauft, spekuliert.

Grosse Gewinne an der Börse haben sehr viel mit richtiger Strategie und Untätigkeit zu tun"

Viele Privatanleger (und auch genug Profis) haben – leider – einen kleinen "Aktien-Spieler" in ihrem Innern. Egal ob Einzeltitel, ETF's, Fonds oder Derivate, immer muss der Kleine im Innern umschichten.

Es gibt 100'000 Gründe, warum ich verkaufen könnte, aber nur einen Grund, warum es sich lohnt, drin zu bleiben > die sehr langfristigen Aussichten.

Ob Branchen, Einzeltitel oder andere Investments: Für einen Privatanleger ist es immer von grossem Vorteil, wenn er sich über die Aussichten eines Engagements intensiver Gedanken macht.

Das Erkennen des langfristigen Vorteils eines Geschäftsmodells ist ein Schlüssel, der mich ein Unternehmen auch langfristig begleiten lässt. Erst wenn ich verstehe, was dort überhaupt geschieht und wie die Aussichten sind, kann ich auch erkennen, in was ich wirklich investiert bin.

«Wir können unser Leben ändern. Wir können tun, haben und sein, was immer wir wollen.»

«Anthony Robins»

WARUM ANLEGER VON AKTIENRÜCKKÄUFEN PROFITIEREN

Was bringen Aktienrückkäufe den Aktionären?

Kündigt ein Unternehmen einen Aktienrückkauf an, so ist das fast immer eine positive Nachricht für die Aktionäre: Das Unternehmen signalisiert, dass es die eigenen Aktien für eine gute Anlage hält. Andere Marktteilnehmer müssen davon ausgehen, dass der Vorstand mehr über die Perspektiven des Unternehmens weiss als sie selbst, und dass es gute Gründe für den Optimismus gibt. Sie greifen also ebenfalls zu: Der Aktienkurs steigt.

Auch wenn das Unternehmen seinen Aktionären ein öffentliches Rückkaufangebot macht, profitieren die Aktionäre: Ein solches Angebot ist nur dann attraktiv, wenn die Anteilseigner mehr Geld erhalten als bei einem Verkauf über die Börse. Das Unternehmen muss also zunächst einen Preis bieten, der über dem aktuellen Börsenkurs liegt. Auch über diesen Weg steigt also mit der Ankündigung des Aktienrückkaufs der Wert der Aktien.

Wie funktionieren Aktienrückkäufe genau?

Bevor das Unternehmen eigene Aktien kaufen kann, muss die Hauptversammlung (HV) des Unternehmens dies dem Vorstand erlauben: Die HV trifft einen Beschluss, in dem sie den Vorstand dazu „ermächtigt". Die Ermächtigung ist allerdings begrenzt: Höchstens 10

Prozent seines Grundkapitals kann das Unternehmen mit einem solchen Beschluss erwerben. Dieser gilt bis zu fünf Jahre und erlaubt es dem Unternehmen, das Rückkaufprogramm innerhalb dieser Zeit abzuwickeln. Die Zustimmung kann an einen bestimmten Zweck sowie Betrag gekoppelt sein.

Fast alle in Deutschland börsennotierten Unternehmen lassen sich eine solche Ermächtigung „auf Vorrat" auf der jährlichen Hauptversammlung geben. Die Ermächtigung zwingt das Unternehmen weder dazu, konkrete Pläne für ein Rückkaufprogramm zu entwickeln, noch ein solches tatsächlich auch umzusetzen. Plant ein Konzern ein Rückkaufprogramm, muss er aber öffentlich bekannt geben, wenn er damit beginnt.

Rückkauf über die Börse oder Angebot an Aktionäre

Es gibt verschiedene Möglichkeiten, wie ein Unternehmen eigene Aktien zurückkaufen kann – entweder an der Börse oder direkt von den Aktionären. Gibt es zu wenig Kaufoptionen oder scheut der Konzern den Preiseffekt an der Börse (schliesslich muss das Unternehmen Aktienpakete nach und nach immer teurer einkaufen), kann er seinen Aktionären ein Rückkaufangebot unterbreiten. Sobald das Unternehmen sein Angebot verkündet hat, steht der Preis fest, den es für die Aktien zahlt.

Wichtig zu bedenken: Verkaufen Sie als Aktionär im Rahmen eines Rückkaufs Ihre Aktien, verlieren Sie damit natürlich auch Ihre Recht als Anteilseigner, also etwa Stimmrechte sowie die Aussicht auf eine Dividendenauszahlung.

Nach Paragraf 71b Aktienrecht gilt allerdings: Der Gesellschaft stehen keine Rechte aus eigenen Aktien zu. Zukünftige Gewinne und Dividenden verteilen sich also auf weniger Anteilsscheine, und auch das für die Bewertung der Aktie wichtige Kurs-Gewinn-Verhältnis sinkt. Deshalb ist gelegentlich davon die Rede, ein Aktienrückkauf diene der „Kurspflege". Warum kaufen Unternehmen eigene Aktien zurück?

Die Gründe für den Rückkauf eigener Anteile sind vielschichtig. In der Regel kaufen Konzerne Aktien zurück, wenn sie keine bessere Verwendung für ihre Finanzmittel haben, sie also etwa kein Geld für Investitionen benötigen und auch keine attraktiven Anlagemöglichkeiten sehen. Durch die Aktienrückkäufe sinkt in jedem Fall die Zahl der frei erhältlichen Aktien, der sogenannte Streubesitz.

Neben der Kurssteigerung gibt es noch weitere Gründe, warum Unternehmen Aktien zurückkaufen:

Absicherung - Aktiengesellschaften können sich so beispielsweise vor einer Übernahme der Konkurrenz schützen. Denn für andere Unternehmen wird es schwerer, sich in den Konzern einzukaufen – da es weniger Aktien auf dem freien Markt gibt und die vorhandenen Wertpapiere einen höheren Preis haben.

Zahlungsmittel - Will eine Aktiengesellschaft hingegen einen anderen Konzern übernehmen, kann sie die eigenen Aktien als Zahlungsmittel verwenden. Die eigenen Aktien dienen dann als Tausch- oder Transaktionswährung, um den anderen Konzern aufzukaufen.

Motivationssteigerung - Unternehmen können die aufgekauften Aktien auch an ihre Mitarbeiter ausgeben. Die Belegschaftsaktien sind dann eine Art Bonus, um die Motivation zu steigern.

Reduktion - Zieht die Aktiengesellschaft die aufgekauften Aktien ein und verringert so deren Anzahl dauerhaft, kann sie die Gewinne, die sie an die Aktionäre ausschüttet will, auf weniger Aktien verteilen. So kann sich für die Aktionäre die Höhe der Dividende durch die Rückkäufe erhöhen.

Konzentration - Zieht der Konzern einen Teil der eigenen Aktien ein, verkleinert sich dadurch in der Regel auch der Kreis der Aktionäre. Das Unternehmen kann so die Gesellschafterstruktur verändern - auch die Zahl derer sinkt, die auf der Hauptversammlung mitbestimmen können.

Welche Kritikpunkte gibt es an den Aktienrückkäufen?

Aktienrückkäufe sind bei manchen Experten umstritten, insbesondere im Hinblick auf die langfristige Perspektive eines Unternehmens. Folgende Argumente werden oft angeführt:

Kein wirtschaftlicher Mehrwert - Kurzfristige Kurssteigerungen dienen nur dazu, Aktionäre bei Laune zu halten. Eigentlich sprechen Aktienrückkäufe aber für eine gewisse Ideenlosigkeit der Konzernleitung. Der Aktiengesellschaft fehlt später Geld, das sie in neue Projekte, Maschinen oder etwa in die Forschung stecken könnte.

Wachstumsschädlich - Bleiben Investitionen langfristig aus, kann sich dies negativ auf das Wachstum des Unternehmens auswirken. Zum Beispiel, weil die Konkurrenz sich weiterentwickelt und die Aktiengesellschaft irgendwann abhängt. Zudem können Gelder, die in Rückkaufprogramme fliessen, dem Unternehmen in Krisenzeiten als finanzielles Polster fehlen.

Bonus für den Vorstand - Manchmal ist die Vergütung von Vorständen im Unternehmen variabel und hängt zum Beispiel vom Erfolg des Unternehmens an der Börse ab. Durch steigende Kurse nach einem Aktienrückkauf können manche Vorstände also mehr Geld kassieren.

Investitionsblase - Aktienrückkäufe lassen sich auch über Fremdkapital finanzieren. Das heisst, das Unternehmen nimmt Kredite auf, um Aktionären ihre Aktien abzukaufen. Dies geht nur so lange gut, wie das Unternehmen weiterhin Gewinn erwirtschaftet. Tut es das nicht, kann es mittelfristig Kreditzinsen nicht mehr bedienen und gerät finanziell in Schieflage.

Können Sie als Anleger profitieren?

Manche Anleger suchen gezielt nach Aktiengesellschaften, die regelmässig eigene Wertpapiere erwerben. Auch gibt es spezielle Fonds, die Aktien solcher Unternehmen bündeln, bei denen ein Rückkauf in Aussicht steht. Solche strategischen Fonds sind aber nur etwas für Profi-Anleger, die bereits ein gut aufgestelltes Portfolio besitzen und dieses optimieren wollen.

WARUM GEHEN UNTERNEHMEN IN KONKURS?

Viele Unternehmen erklären jeden Tag Konkurs. Das American Bankruptcy Institute sagt, dass im Durchschnitt zwischen 2013 und 2017 jedes Jahr etwa 26.000 Unternehmen in Konkurs gegangen sind. Diese Statistik enthält nicht die Anzahl der kleinen Unternehmen, die ihre Türen schliessen und sich von ihren gescheiterten Unternehmen entfernen.

Es gibt einige typische Gründe, warum Unternehmen schliessen, aber in den meisten Fällen lassen sie die grundlegenden Geschäftsprinzipien der Liquidität, Zahlungsfähigkeit und Rentabilität ausser Acht.

Geschäftsprinzipien, die Unternehmen erfassen müssen, um in Konkurs zu gehen

Hier finden Sie eine kurze Besprechung zu jedem Begriff und wie wichtig es ist, dass ein Unternehmen nicht geschlossen wird oder Insolvenz erklärt.

LIQUIDITÄT

Die Liquidität ist die kurzfristigste dieser Massnahmen, da sie auf die Fähigkeit eines Unternehmens verweist, Vermögenswerte schnell und verlustfrei in Bargeld umzuwandeln. Das Prinzip funktioniert so: Nehmen wir an, Sie brauchen Geld, um Rechnungen bezahlen zu können. Der einfachste Weg, um es zu bekommen, ist den Verkauf eines Vermögenswertes. Wenn Sie Bargeld verkaufen oder damit Rechnungen bezahlen, ist dies 100 Prozent des Wertes wert. Wenn Sie jedoch versuchen, einen anderen Vermögenswert zu verkaufen, ist dieser Wert nicht 100 Prozent wert.

Du schaust dich um und denkst: "Nun, ich kann einige Forderungen eintreiben." Aber Sie können nicht genug sammeln, oder Sie verkaufen die Forderungen mit einem grossen Preisnachlass. Sie versuchen also, einige ungeöffnete Kisten mit Vorräten an den Bürobedarf zurückzubringen. Oder Sie geben einige unbenutzte Produkte an Ihren Lieferanten zurück. Sie wissen, wenn Sie Geräte verkaufen wollten, würden Sie einen Verlust hinnehmen, weil sie an Wert verloren, haben.

Wenn Sie liquide sind, verfügen Sie über ausreichend Bargeld, um Ihre Sofortrechnungen oder Ihre Mitarbeiter bezahlen zu können. Die meisten Unternehmen haben nicht viel zusätzliches Geld in der Nähe, aber sie sollten wissen können, dass sie genug Geld haben, um ihre Rechnungen zu bezahlen, wenn sie fällig sind. Dies wird als positiver Cashflow bezeichnet und bedeutet Liquidität.

WAS IST TRADING?

Das Wort «Trading» stammt aus dem Englischen und bedeutet so viel wie «Handeln». Diese Definition ist aber sehr weit gefasst. Besser gesagt handelt es sich um das Handeln mit Finanzprodukten. Diese Finanzprodukte werden üblicherweise an der Börse gehandelt. Alle Menschen, die an der Börse handeln, werden daher auch Trader genannt. Experten unterscheiden allerdings den Trader von den Investoren. Während beim Investor der langfristige Anlagehorizont im Vordergrund steht, steht beim Trader häufiges kaufen und verkaufen im Vordergrund. Trader werden daher gerne als Daytrader bezeichnet. Zwar handeln sowohl Trader als auch Investor mit Finanzprodukten, doch der Trader handelt die Produkte mehrmals am Tag. Der Investor hingegen kauft in aller Regel ein Finanzprodukt und lässt es liegen, bis es deutlich im Wert gestiegen ist. Der Daytrader hingegen hat einen enorm kurzfristigen Anlagehorizont. Er versucht kurzfristige Marktschwankungen zu nutzen, um eine hohe Rendite zu erzielen. Trader handeln vorwiegend mit Derivaten wie Optionen, Futures oder CFDs. Häufig werden hohe Hebel eingesetzt, sodass eine Marktveränderung von einem Prozent zu einer deutlich höheren Veränderung des Depotwerts führen kann. Nur in seltenen Fällen haben Daytrader ihren Fokus auf Aktien. Für Aktien brauchen die Trader ein höheres Eigenkapital, damit die Gebühren nicht zu stark ins Gewicht fallen. Viel lieber handeln Daytrader mit Währungen.

Chancen und Risiken beim Daytrading

Der Beruf des Daytradings ist in den letzten Jahren in Verruf geraten. Immer mehr Leute versuchen über YouTube Kurse zu verkaufen, wie du ein erfolgreicher Daytrader werden kannst. Die meisten dieser Menschen sind allerdings nicht durch Daytrading zu ihrem Geld gekommen, sondern durch das verkaufte Coaching. Daher solltest du nicht blind irgendwelches Coaching kaufen. Die Hoffnung auf das große Geld führt häufig zu irrationalen Entscheidungen. Die Einstiegshürden beim Trading sind sehr gering. Bereits mit einem Laptop und einer Internetverbindung kann es losgehen. Du solltest dir außerdem bewusst machen, dass du auf denselben Markt wie die Banken agierst. Auf dem Devisenmarkt findet der Großteil des Handelns durch Automatismen statt, indem Softwareprogramme so programmiert wurden, dass diese sämtliche Trendlinien eher sehen, als du es als Privatanleger sehen kannst. Die anderen Teilnehmer werden daher immer einen Informationsvorteil haben. Sie sind technisch deutlich besser ausgestattet und besitzen mehr Erfahrung. Außerdem besteht die

Gefahr, dass du süchtig wirst. Wenn du zu Beginn die ersten Gewinne einfährst, können die nachfolgenden Verluste schnell ignoriert werden. Anfänger versuchen die Verluste dann durch noch höhere Hebel auszugleichen, was große Gefahren beinhaltet.

LOHNT SICH DAYTRADING?

Daytrading ist ein Nullsummenspiel. Du wirst schließlich nur das gewinnen, was ein anderer verliert und andersrum. Dementsprechend schwierig ist das langfristige Daytrading. Die Einnahmen müssen schließlich so hoch sein, damit du damit deinen Lebensunterhalt finanzieren kannst. Daher darf das Gehalt auch nicht zu stark schwanken. Wenn du beispielsweise im ersten Monat 12.000 Euro gewinnst und in den nachfolgenden Monaten nur Verluste einfährst, kann dich das schnell in die Insolvenz führen. Es wird wahnsinnig schwer sein, das Nullsummenspiel zu gewinnen. Das Forbes Magazin hat das Daytrading in einer Untersuchung analysiert. Lediglich 23 Prozent aller Daytrader sind profitabel. Oder anders ausgedrückt: Die anderen 77 Prozent der Daytrader machen auf Dauer einen Verlust beim Daytrading. Entsprechend stehen die Chancen, dass du beim Daytrading erfolgreich wirst, 1 zu 4. Außerdem gilt zu berücksichtigen, dass die meisten der 23 Prozent wesentlich mehr Erfahrung haben und ein besseres Equipment als der Rest besitzen. Des Weiteren hat die Studie ergeben, dass die 23 Prozent aller rentablen Daytrader ein durchschnittliches Bruttoeinkommen von gerade einmal 1.833 Euro besitzen. Wohl bemerkt handelt es sich um einen Bruttowert! Von diesem Gehalt müsstest du noch Steuern abziehen und als Selbstständiger muss du dir eine eigene Altersvorsorge aufbauen. Außerdem kommen die Kosten für eine Krankenversicherung hinzu. Du solltest dir daher besser zweimal überlegen, ob du dein sicheres Angestelltenverhältnis für solche geringen Gewinnaussichten aufgibst.

Quelle:

https://www.finanzfluss.de/trading-fuer-anfaenger-erklaert/

WELCHE RENDITEN SIND REALISTISCH?

Zwar wird häufig mit hohen Renditen für das Daytrading geworben, doch welche Renditen sind wirklich realistisch? Einsteiger erhoffen sich Renditen von mindestens 100 Prozent pro Woche und mehr. Doch wer würde bei solchen Renditen noch arbeiten? Realistisch sind Renditen zwischen 10 und 30 Prozent pro Jahr. Wenn du mit dem Traden startest und dauerhaft Renditen von etwa 15 Prozent erreichst, würdest du zu den absoluten Top-Tradern der Welt gehören. Wenn du bedenkst, dass der Aktienmarkt eine durchschnittliche Rendite pro Jahr von sieben Prozent abwirft, solltest du dir zweimal überlegen, ob das Traden den Aufwand Wert ist. Natürlich sind bei mehr Risiko auch noch höhere Renditen möglich. Allerdings führt ein erhöhtes Risiko auch schnell zum Totalverlust.

Quelle: https://qtrade.de/tradingblog/wie-viel-prozent-macht-ein-guter-trader/

WELCHE ARTEN DES TRADINGS GIBT ES?

Die besten Gewinnchancen hast du immer noch dann, wenn die Art des Tradings gut zu deiner Persönlichkeit passt. Das klingt in der Theorie jedoch einfacher, als es in der Realität ist. Deswegen sollen die nachfolgenden Absätze dir bei der Wahl einer für dich geeigneten Tradingart helfen.

1. Intraday-Handel

Das bereits angesprochene Daytrading gehört zum Intraday-Handel. Typisch für diese Handelsart ist der kurzfristige Zeitrahmen. Gekauft werden die Finanzprodukte am Morgen und verkauft bereits wieder am Abend. Die Haltezeit liegt daher üblicherweise bei maximal einem Tag. Positionen über Nacht werden nur sehr ungern gehalten, da diese Positionen als riskant gelten. Mehrere Transaktionen am Tag werden durchgeführt, um schnelle Gewinne mitzunehmen. Intraday-Handel gehört zu den aggressiveren Tradingarten. Diese Art des Handelns könnte etwas für dich sein, wenn du am Tag viel Zeit zur Verfügung hast und auf Action stehst. Außerdem kannst du nachts gut schlafen, da sämtliche Positionen in der Regel vorher wieder geschlossen werden.

2. Swing Trading

Wenn dir der Intraday-Handel zu kurzfristig ist, dann könnte das Swing Trading etwas für dich sein. Der Zeitrahmen ist zwar auch noch kurzfristig, aber immerhin ist die Haltezeit länger als beim Intraday-Handel, mit einige Tage bis zu einigen Wochen. Die Positionen werden also nicht jeden Tag glattgestellt. Swing Trader benutzen im Vergleich zu den Intraday-Tradern einen geringeren Hebel. Häufig wird diese Art des Tradens auch mit der ersten genannten Art kombiniert.

3. Scalping

Wenn du das Intraday-Handeln zwar interessant findest, du aber noch mehr Action benötigst, dann könnte das sogenannte Scalping etwas für dich sein. Wenn du ein erfolgreicher Scalper werden möchtest, solltest du deine Konzentration allerdings hochhalten und Ruhe bewahren können. Scalping ist ein sehr schneller Handelsstil. Positionen werden häufig nur wenige Sekunden gehalten, bevor sie wiederverkauft werden. Erfolgreiche Scalper treffen blitzschnell Entscheidungen und zögern nicht. Besonders ungeduldige Trader sind häufig beim Scalping erfolgreich, weil sie schnell auf Unvorhergesehenes reagieren können. Oder anders gesagt: Wenn du dich leicht ablenken lässt, dann ist das Scalping für dich die falsche Strategie. Für diesen Stil wird deine hundertprozentige Konzentration benötigt.

4. Positionshandel

Falls dir das Scalping doch zu anstrengend ist, könnte der Positionshandel etwas für dich sein. Dieser Handel geschieht über einen längeren Zeitraum. Häufig werden Positionen aufgebaut, die Jahre lang nicht verkauft werden. Wenn du ein geduldiger Mensch bist, könnte der Positionshandel etwas für dich sein. Der Positionshandel ist damit auch weniger zeitintensiv.

Quelle: https://libertex.com/de/blog/verschiedene-arten-des-handels

TECHNISCHE ANALYSE IM TRADING

Die technische Analyse wird auch Chartanalyse genannt und ist eine Form der Finanzanalyse. Im Wesentlichen wird die technische Analyse dafür genutzt, um mithilfe des historischen Kursverlaufs den optimalen Kaufpunkt bzw. Verkaufspunkt zu finden. Die technische Analyse geht also davon aus, dass es möglich ist, anhand des historischen Kurses den zukünftigen Kursverlauf vorauszusagen. Das wiederum setzt aber voraus, dass die Kapitalmärkte nicht effizient sind. Denn wenn Kapitalmärkte effizient sind, würden sämtliche Informationen aus den Kursen bereits im aktuellen Marktpreis enthalten sein.

Der US-Amerikaner Charles Dow (auch bekannt als der Entwickler des Dow-Jones-Indexes) gilt als der Erfinder der technischen Analyse. Bereits im Jahre 1884 publizierte der US-Amerikaner in zahlreichen Artikeln des Wall Street Journals über die technische Analyse. Dow geht dabei davon aus, dass sich Finanzmärkte in zyklischen Wellen verhalten. Stützend auf den Thesen von Charles Dow setzte der US-Mathematiker Ralph Nelson Elliott an. Dieser begründete in den 1930er und 40er Jahren die Theorie der Elliott-Wellen. In dem Modell geht es ebenfalls um Trendzyklen, die allerdings deutlich stärker mathematisch begründet werden. Die wesentlichen Grundlagen der technischen Analyse veröffentlichte Richard Schabacker in seinem Buch «Technical Analysis and Stock Market Profits: A Course in Forecasting» im Jahre 1932. So richtig populär wurden die in dem Buch beschriebenen Markttechniken im Jahre 1980, als die Computertechnik weiterverbreitet war.

Die technische Analyse steht in der Wissenschaft in der Kritik. Es gibt keine Studien, die belegen können, dass die technische Analyse funktioniert. Die Markteffizienzhypothese entkräftigt die technische Analyse sogar zusätzlich. Die Markteffizienzhypothese belegt, dass sämtliche Informationen aus dem Kursverlauf der Vergangenheit bereits im aktuellen Aktienkurs enthalten sind. Die Wissenshaft wartet vergeblich auf Studien, die zeigen, dass sich mithilfe der technischen Analyse bessere Einstiegspunkte finden als durch den puren Zufall.

Dennoch gibt es vereinzelt Trader, die mithilfe der technischen Analyse Geld verdienen. Das wird in erster Linie damit begründet, dass die Charttechnik mittlerweile so verbreitet ist, dass es dadurch zu einer selbsterfüllenden Prophezeiung kommt. Dadurch dass so viele Menschen an die technische Analyse glauben, lässt sich tatsächlich danach handeln. Die technische Analyse steht zumindest in der Kritik. Dennoch wird sie immer wieder genutzt, um einen vermeintlich besseren Einstiegspunkt zu finden.

WIE FUNKTIONIERT DIE TECHNISCHE ANALYSE

Die technische Analyse basiert auf der Charttechnik. Es werden also Diagramme analysiert, um den zukünftigen Kursverlauf vorauszusagen. Die Diagramme haben dabei alle den identischen Aufbau. Auf der x-Achse wird die Zeit aufgetragen und auf der y-Achse der Kursindex. Das gewählte Zeitintervall ist von der Länge des betrachteten Zeitraums abhängig. Im Wesentlichen werden vier Chartarten für die Analyse verwendet:

1. Balken-Chart

Beim Balken-Chart steht eine senkrechte Linie für ein Intervall. Der Eröffnungskurs wird als waagerechter Strich dargestellt (auf der linken Seite). Der Schlusskurs hingegen wird als waagerechter Strich auf der rechten Seite dargestellt.

2. Linien-Chart

Beim Linien-Chart stehen die Schlusskurse der jeweiligen Intervalle im Fokus. In dieser Darstellungsform fehlen die jeweiligen Hoch- und Tiefkurse, sodass die Schwankungen zwischen diesen Punkten nicht ersichtlich sind. Der Chart ist dadurch auf der einen Seite übersichtlicher, enthält aber auf der anderen Seite auch weniger Informationen.

3. Candlestick-Chart

Beim Candlestick-Chart, auch Kerzenchart genannt, handelt es sich um eine Abwandlung des Balkencharts. Mithilfe des Kerzencharts lassen sich kleinere Trends besser erkennen. Ein japanischer Reishändler namens Munehisa Homma war die erste Person, die einen Kerzenchart entwickelte. Er nutze den Chart, um die Preisentwicklung des Reises vorauszusagen. Ein kleines Rechteck verdeutlicht die Spanne zwischen Eröffnungs- und Schlusskurs. Das kleine Rechteck ist weiß oder grün, wenn der Schlusskurs höher liegt als der Eröffnungskurs und schwarz oder rot, wenn der Schlusskurs niedriger als der Eröffnungskurs liegt.

4. Kagi-Chart

Auch diese Darstellungsform stammt aus Japan. Diese Darstellungsform besteht in erster Linie aus vertikalen Linien und kurzen horizontalen. Dieser Chart ist zeitunabhängig und basiert lediglich auf den Schlusskursen des betrachteten Marktes. Ebenfalls relevant ist bei diesem Chart die Linienstärke.

WELCHE CHARTMUSTER DU KENNEN SOLLTEST

Die Chartmuster bestehen aus zahlreichen Mustern, dessen Interpretationen nicht immer ganz klar sind und sich teilweise sogar widersprechen können.

1. Gaps

Eine Lücke im Chart steht für einen Kurssprung zwischen zwei Zeitpunkten. Gaps lassen sich vor allem in Balkencharts gut identifizieren und interpretieren. Es gibt verschiedene Arten von Gaps. Kleinere Kurssprünge werden lediglich als gewöhnliche Gaps bezeichnet. Ein Kurssprung, der zu einem neuen Hoch oder Tief führt, wird hingegen als Ausbruchs Gap bezeichnet. Von einem Runaway Gap wird gesprochen, wenn es zu mehreren Kurssprüngen in einer Reihe kommt. Dadurch entsteht ein Trend.

2. Spike

Von einem Spike wird gesprochen, wenn der Kursverlauf eine Speerspitze bildet. Beispielsweise spricht man von einem Aufwärts-Spike, wenn der Tageskurs auf dem Niveau des Schlusskurses ist und es in der Zwischenzeit zu einem neuen Hoch gekommen ist. Von einem Spike wird aber auch gesprochen, wenn es zwischenzeitlich zu einem neuen Tief kommt.

3. Trendlinien und Trendkanäle

Mithilfe von sogenannten Trendlinien werden lokale Extrema eines Charts bestimmt. Die Trendlinien verbinden die lokalen Extrema und wenn es sich um zwei nicht zu eng benachbarte Minima handelt, wird von einem Aufwärtstrend gesprochen. Von einer Abwärts-Trendlinie wird gesprochen, wenn die Linie an zwei nicht zu eng liegenden lokalen Maxima eingezeichnet werden. Von einem Trendkanal wird gesprochen, wenn zwei möglichst parallel geführte Linien in unterschiedlichen Abständen zueinander verlaufen.

FUNDAMENTALE ANALYSE IM TRADING

Neben der technischen Analyse nutzen die meisten Trader auch die fundamentale Analyse im Trading. Ähnlich wie die technische Analyse soll auch die fundamentale Analyse dabei helfen, die zukünftige Kursentwicklung am Finanzmarkt besser zu prognostizieren. Die Fundamentalanalyse richtet ihren Fokus auf den allgemeinen Zustand der Wirtschaft. Um diesen Zustand beurteilen zu können, werden sich Schlüsselfaktoren wie Zinsraten, BIP, Erwerbstätigenquote und der internationale Handel angeschaut. Im Gegensatz zu der technischen Analyse ist die fundamentale Analyse langfristiger ausgelegt. Es geht um längerfristige Prognosen.

Die fundamentale Analyse baut auf der Annahme auf, dass der Wert eines Finanzprodukts nicht immer dem richtigen Wert entsprechen muss. Durch Über- oder Untertreibungen ergeben sich Möglichkeiten, an diesen Schwankungen zu partizipieren. Bei der fundamentalen Analyse im Trading wird davon ausgegangen, dass der Aktienkurs langfristig dem korrekten Wert gleicht. Wenn also ein Finanzprodukt stark untergewichtet ist, dann setzen die Fundamentalanalysten darauf, dass das Finanzprodukt in naher Zukunft steigen wird, damit der Aktienkurs wieder dem eigentlichen Wert entspricht.

Quelle: https://admiralmarkets.de/wissen/articles/forex-analysis/einfuhrung-in-die-fundamentale-analyse-forex-cfds

INDIKATOREN DER FUNDAMENTALANALYSE

1. Zinsraten

   Ein zentraler Faktor bei der fundamentalen Analyse sind die Zinsraten. Dabei gibt es viele verschiedene Zinsraten. Für die Fundamentalanalyse am wichtigsten sind die nominalen Zinsraten, welche von der Zentralbank festgelegt werden. Zentralbanken dienen als Motor der Wirtschaft. Sie drucken Geld und geben es an die Privatbanken, welche wiederum das Geld an die Investoren und Privatleute weiterreichen. Zinsraten können einen direkten Effekt auf die Währung haben. Wenn die Geldproduktion gesteigert wird, kann es zu einer Inflation kommen. Zinsraten haben nicht nur einen direkten Einfluss auf die Inflation, auch Investitionen, Handel, Produktion und Arbeitslosenraten werden von der Zinsrate beeinflusst. Die Zentralbanken haben die Hauptaufgabe, die Wirtschaft in Schwung zu halten. Wenn die Wirtschaft also ins Stocken gerät, wird die Zentralbank versuchen, die Wirtschaft wieder anzutreiben. Doch wie macht sie das? Eine Senkung der Zinsrate führt dazu, dass die Privatbanken mehr Geld bei der Zentralbank leihen und somit auch mehr Geld in die Wirtschaft geben, weil Kreditnehmer weniger Geld für einen Kredit aufbringen müssen. Wenn mehr Geld in die Wirtschaft fließt, wird auch wieder mehr investiert und es entstehen Arbeitsplätze. Wenn die Menschen nach einer Krise wieder einen Job finden, wird die Wirtschaft zusätzlich angekurbelt, da die Geschäfte wieder mehr Geld umsetzen, da die Kunden nun wieder einkaufen gehen, weil sie wieder Geld haben. Es entwickelt sich also eine Aufwärtsspirale. Wenn die Wirtschaft sich dann wieder gefangen hat, erhöht die Zentralbank normalerweise die Zinsen, damit sie die Zinsen in einer Krise wieder senken könnte. Eine dauerhafte Niedrigzinspolitik ist ebenfalls gefährlich, da die Privatkunden keinerlei Zinsen mehr auf ihr angelegtes Kapital bekommen. Das kann sogar so weit gehen, dass die Privatbanken Strafzinsen an die Zentralbank zahlen müssen, wenn sie zu viel Kapital halten.

2. Inflation

Eine Inflation gibt das Preisniveau eines Marktes wieder. Gemeint damit ist die Wertfluktuation bestimmter Güter im Zeitverlauf. Wenn die Milch im Supermarkt im ersten Jahr beispielsweise einen Euro kostet und im zweiten Jahr bereits 1,10 Euro, dann liegt die Inflation bei zehn Prozent. Jedes Wirtschaftssystem strebt einen gesunden Grad an Inflation an. Der Gedanke dahinter ist, dass wenn eine Wirtschaft langfristig wächst, dann muss auch die Geldmenge der Wirtschaft wachsen. Für die Steuerung der Geldmittel ist wiederum die Zentralbank zuständig. Es gibt mehrere Arten der Inflation. Von einer allgemeinen Inflation wird gesprochen, wenn mehr Geldmittel als notwendig vorhanden sind. Das Gegenteil zur Inflation ist die Deflation. Bei einer Deflation nimmt der Wert des Geldes zu, während der Wert an Gütern und Dienstleistungen abnimmt. Das klingt zwar für den Privatkonsumenten verlockend, ist aber längerfristig für die Wirtschaft schädigend. Die europäische EZB strebt eine jährliche Inflation von etwa zwei Prozent an.

3. Das Bruttoinlandsprodukt

Das BIP berechnet den Gesamtwert aller Güter und Dienstleistungen eines Landes für eine klar definierte Periode. Von Experten wird das BIP als einer der wichtigsten Indikatoren der Volkswirtschaft angesehen. Die Interpretation des BIPs ist einfach: Wenn das BIP wächst, wächst die Wirtschaft und andersherum. Für dich als Trader hat das BIP nur eine geringe Aussagekraft. Viel wichtiger ist, ob die Bewegung des BIPs zu der Entwicklung der anderen Indikatoren bündig ist. Solange hier keine Widersprüche auftreten, kann von einer relativen Stärke der Wirtschaft ausgegangen werden. Verläuft der Anstieg jedoch unverhältnismäßig, dann könnte das ein Anzeigen für eine wirtschaftliche Blase sein.

4. Verbraucherpreisindex

Der Verbraucherpreisindex, auch Consumer Price Index (CPI) genannt, misst den Durchschnittswert einer Menge an Gütern und Services und setzt diesen als Basiswert an. In Deutschland wird meist auch von einem «Warenkorb» gesprochen. In diesem Warenkorb befinden sich Lebensmittel des alltäglichen Lebens. Jährlich wird der Wert des Warenkorbs ermittelt, um den Verbraucherpreisindex zu ermitteln. Er hat damit eine ähnliche Aussage wie die Inflationsrate. Die Kaufkraft der Konsumenten soll dadurch überwacht werden.

5. Erzeugerpreisindex (PPI)

Der Erzeugerpreisindex, auch Producer Price Index (PPI) genannt funktioniert genau wie der CPI. Der Unterschied liegt in der Zusammenstellung des Warenkorbs. CPI bezieht auch die Produktionskosten der Güter mit ein. In dem Warenkorb befinden sich daher Güter neben Nahrungsmittel auch Strom.

6. Arbeitslosenrate

Die Arbeitslosenquote beeinflusst das Kaufverhalten der Bevölkerung und damit indirekt auch die Gesamtwirtschaft. Wenn die Arbeitslosenquote steigt, dann haben viele Arbeitnehmer weniger Geld zur Verfügung und daher können die Menschen weniger Geld ausgeben. Wenn weniger Geld ausgegeben wird, nehmen die Läden weniger Geld ein und müssen im Zweifel weitere Menschen entlassen, um die Kosten weiter zu senken. Das wiederum führt zu einer Abwärtsspirale. Während die Arbeitslosenrate in Deutschland relativ human ansteigt, ist in anderen Ländern ein anderes Phänomen zu beobachten. In den USA beispielsweise gelten keine Kündigungsfristen und so kann die Arbeitslosenrate explosionsartig ansteigen.

7. Einzelhandelsbriefe

In Einzelhandelsberichten werden Aussagen über das Kaufverhalten der Privatpersonen getroffen, wobei gesundheitliche und bildungsbezogene Güter und Dienstleistungen ausgeschlossen werden. Diese Briefe bieten sich an, um das Vertrauen der Endnutzer gegenüber der Wirtschaft zu bestimmen.

8. Industrieller Produktionsindex

Beim industriellen Produktionsindex (IPI) werden die monatlichen Veränderungen der Produktionsmengen in den Industriesektoren wie Fertigung und Bergbau erfasst. Wenn dieser Index steigt, wird das als ein gutes Zeichen für die Wirtschaft gedeutet. Der Index gilt als Indikator für Durchschnittseinkommen, Beschäftigung und allgemeines Einkommen in den entsprechenden Industriezweigen.

9. Handelsverkehr und Handelsbilanz

Die Handelsbilanz gibt Informationen über das Verhältnis zwischen den Mengen an Import und Export. Es wird von einer positiven Handelsbilanz gesprochen, wenn mehr Export als Import stattfindet. Ein starker Export führt zu einer Stärkung der Währung des betroffenen Landes. Ähnlich verhält sich der Handelsverkehr. Der Handelsverkehr erfasst den Fluss fremder Investitionen gegenüber dem ausgehenden Fluss an Investitionen. Oder besser gesagt: Der Import wird den Export gegenübergestellt. Ist ein Land stark vom Export abhängig, wie es beispielsweise Deutschland ist, dann birgt das die Gefahr, die Probleme des anderen Landes hineinzutragen. Wenn andere Länder Krisen erfahren müssen, dann wird Deutschland weniger in diese Länder exportieren können und somit weniger Geld verdienen. Die betroffenen Unternehmen erwirtschaften weniger Umsatz und müssen gegebenenfalls Leute entlassen.

10. Kaufkraftparität

Kaufkraftparität wird von Forex-Tradern dazu genutzt, den tatsächlichen Wert von Währungen zu bestimmen. Es wird davon ausgegangen, dass keinerlei Transaktionskosten existieren. Demnach haben die Güter auf der ganzen Welt die identischen Preise. Der Standort des Käufers spielt keine Rolle. Die Kaufkraftparität eignet sich, die Preisentwicklung von Gütern zu verfolgen und Inflationsraten nachzuvollziehen.

11. Internationaler Fisher-Effekt

Hierbei handelt es sich um eine Wirtschaftstheorie, welche besagt, dass die Änderung beim Wechselkurs zwischen zwei Ländern in etwa dem Unterschied in deren Nominalwechselkurs entspricht. Länder mit niedrigen Zinsraten werden demnach gegenüber den Ländern mit höheren Zinsarten bei der Währung an Wert gewinnen.

12.   Theorie der Zahlungsbilanz

Die Zahlungsbilanz betrachtet den Austausch von Gütern und Dienstleistungen sowie Schenkungen, Einkommen, finanzielle Forderungen und Verbindlichkeiten mit dem Rest der Welt. Mithilfe der Zahlungsbilanz definieren Wirtschafswissenschaftler bestimmte ökonomische Zielsätze. Die Analyse der Zahlungsströme soll dazu dienen, die Richtung der Währungskurse vorauszusagen. Wenn ein Land Defizite vorzuweisen hat, wird davon ausgegangen, dass die Währung an Wert verliert.

Die gelisteten Indikatoren sollen bei der fundamentalistischen Analyse helfen, gewähren aber keine Sicherheit. Immer wieder entstehen in der Wirtschaft Phänomene, die neu und schwierig zu bewerten sind. In der Theorie wird von bestimmten Annahmen ausgegangen und wenn diese Annahmen nicht eintreten, gilt die Theorie nur teilweise oder gar nicht. Daher empfiehlt es sich, lediglich mit kleiner Summe zu traden. Du darfst auf keinen Fall auf diese Summe angewiesen sein, denn sonst hast du einen erhöhten Druck und machst Fehler.

Quelle:

https://admiralmarkets.de/wissen/articles/forex-analysis/einfuhrung-in-die-fundamentale-analyse-forex-cfds

https://admiralmarkets.de/wissen/articles/forex-strategy/die-wichtigsten-fundamentalen-indikatoren-fur-die-wirtschaftliche-lage-erklart

ETFs – MIT GERINGEN KOSTEN BREIT DIVERSIFIZEREN

ETFs, auch Exchange Traded Funds, genannt, eignen sich hervorragend, um mit geringen Gebühren von der Börsenentwicklung zu profitieren. Ein ETF ist ein börsengehandelter Indexfonds, sodass du mit einem Kauf Anteile an vielen verschiedenen Unternehmen erhältst. ETFs eignen sich daher besonders für die passive Anlagemöglichkeit. Du musst dich also nicht täglich informieren, wie deine Aktien zurzeit an der Börse stehen, sondern siehst auf einem Blick die Entwicklung des ETFs. Wenn du beispielsweise einen ETF auf die deutsche Wirtschaft kaufst, dann wird sich der ETF vermehren, solange es der deutschen Wirtschaft gut geht.

VOR- UND NACHTEILE VON ETFs

Der große Vorteil von dem Finanzprodukt liegt in den Gebühren. Diese fallen im Vergleich zu klassischen Investmentfonds deutlich geringer aus. Aktive Investmentfonds werden in aller Regel von einem Investmentfondsmanager geführt. Für diese Führung erhebt der Fond eine Gebühr von circa zwei Prozent. Bei einem ETF werden viele Aktien in einem Korb zusammengefasst und gehalten. Bei dieser passiven Geldanlage wird der ETF maximal einmal im Jahr umgeschichtet. Daher liegen die Gebühren bei einem ETF häufig maximal bei 0,5 Prozent der Investitionssumme. Das ist auch damit zu erklären, dass bei jedem Kauf und Verkauf Transaktionsgebühren anfallen, die ebenfalls von den Anlegern bei klassischen Fonds getragen werden müssen.

An dieser Stelle merken Gegner der passiven Geldanlage gerne an, dass gute Arbeit eben auch Geld kostet. Damit ist die Arbeit des Fondsmanagers gemeint. Allerdings beweisen wissenschaftliche Studien genau das Gegenteil. Bei einer Studie, in der 1.892 Investmentfonds analysiert wurden, stellte sich heraus, dass 94 Prozent aller betrachteten Fonds schlechter abschnitten als der Markt. Das bedeutet: In 94 Prozent der Fälle, hättest du mit einem ETF besser abgeschnitten als mit einem teuren Investmentfonds.

Ein weiterer Vorteil von ETFs gegenüber herkömmlichen Investmentfonds liegt in der Liquidität. ETFs werden genau wie Aktien an Börsen gehandelt, was wiederum bedeutet, dass du diese täglich kaufen und verkaufen kannst. Falls du also mal zwingend Geld benötigst, könntest du den ETF verkaufen und erhältst noch am gleichen Tag das Geld. Dies ist bei vielen anderen Finanzprodukten nicht der Fall. Bei den aktiven Investmentfonds werden die Fonds meistens von der Fondsgesellschaft direkt zurückgenommen. Das hat den Nachteil, dass die Rücknahme einige Tage dauern kann. Die Gründe hierfür sind vielfältig. Häufig muss der aktuelle Marktpreis des Fonds erst noch ermittelt werden, da er sich nicht aus dem klassischen Angebot und der Nachfrage der Börse ergibt.

Auch bezüglich der Sicherheit machst du mit einem ETF viel richtig. Dein ETF-Vermögen gehört nämlich zum sogenannten Sondervermögen. Das bedeutet, dass die ETF-Anteile getrennt vom Vermögen der Fondsgesellschaft gelistet werden. Du brauchst dir daher keine Gedanken machen, was passiert, wenn die Bank Insolvenz anmelden muss. Deine ETF-Anteile werden davon unberührt sein. Sollte das von dir genutzte Finanzinstitut Insolvenz anmelden müssen, dann bräuchtest du die Anteile lediglich zu einer anderen Bank transferieren.

Bezüglich der Transparenz weist ein ETF weitere Vorteile auf. So weißt du als Anleger zu jeder Zeit, welche Titel in dem gekauften ETF enthalten sind, da die ETFs einmal im Jahr zusammengestellt werden und sich die Gewichtung anschließend nur noch aufgrund von Marktschwankungen verändert. Diese Transparenz hast du bei einem klassischen Investmentfonds nicht. Der Investmentfondsmanager handelt bei einem aktiven Fonds mehrmals täglich, sodass sich die Aktien-Zusammenstellung regelmäßig ändert. Allerdings nur die wenigsten Manager kommunizieren gegenüber Ihren Kunden jede einzelne Transaktion. Informationspflicht über jede Transaktion besteht nicht.

Ebenfalls positiv zu erwähnen ist die Risikostreuung. Du hast sicher schon mal von dem Motto gehört: Lege nicht alle Eier in einen Korb. Denn bedenke, du hast alle Eier in einem Korb und du stürzt, dann gehen alle Eier kaputt. Hast du die Eier allerdings in verschiedene Körbe und ein Korb geht zu Boden, dann bleiben immerhin die anderen Eier noch heile. Das gleiche gilt beim Investieren. Wenn du alles auf eine Aktie setzt und diese verliert enorm an Wert, dann verliert dein ganzes Depot an Wert. Häufig ist die Performance einer Aktie im Vorfeld nicht immer absehbar. Ein Beispiel hierfür wäre der Dieselskandal von VW oder auch der Bilanzbetrug bei Wirecard. Solche gravierenden Fehler können die Aktie zerstören. Mit einem ETF kannst du solche Vorfälle entspannt aussitzen, da du die einzelnen Aktien nur gering gewichtet hast und die anderen Aktien innerhalb des ETFs die schwache Performance der einzelnen Aktie ausgleichen. Wenn du dir einen ETF auf den Euro Stoxx 50 holst, dann hast du mit einem Kauf 50 Aktien im Depot. Das lässt sich sogar noch beliebig ausweiten. Der MSCI World enthält Aktien der ganzen Welt. Mit nur einer Transkation erhältst du so Anteile an über 1.500 Aktien. ETFs sind für die Risikostreuung ein bewährtes Mittel.

Außerdem hast du die Möglichkeit mit Beiträgen von nur 25 Euro über Sparpläne in ETFs zu investieren. Häufig gibt es in diesem Bereich sogar Lockangebote, sodass die Gebühren noch geringer sind als sowieso schon. Mit lediglich 25 Euro kannst du dir so ein breit diversifiziertes Portfolio aufbauen.

Auf der anderen Seite gibt es auch negative Punkte, die zu berücksichtigen sind. So ist ein ETF zwar bereits sehr günstig, doch es geht noch günstiger. Bei Aktien zahlst du lediglich die einmalige Transaktionsgebühr und hast danach keine weiteren Kosten. Bei einem ETF hingegen hast du eine geringe Jahresgebühr. Bei größeren verfügbaren Summen kann es daher Sinn machen, dass du dir deinen eigenen kleinen ETF erstellst. Wenn du allerdings erst einmal klein starten möchtest, ohne zu hohe Beträge zu setzen, ist ein ETF eine tolle Möglichkeit an den Finanzmärkten zu profitieren.

Zwar schlagen klassische Investmentfonds so gut wie nie den Markt, doch es gibt einige wenige, die das Schaffen. Mit einem ETF-Kauf hast du den Nachteil, dass du aber auch keine Überrendite erzielen kannst. Du wirst immer genauso gut oder schlecht wie der Markt abschneiden. Ein ETF bildet einen Markt ab und erzielt dessen Rendite. Wenn du jedoch besser als der Markt sein willst, dann wirst du es nur mit Aktien erreichen können.

Quelle:https://www.verbraucherzentrale.de/wissen/geld-versicherungen/sparen-und-anlegen/welche-vorteile-haben-etfs-16603

ARTEN VON ETFS

Um einen guten ETF finden zu können, solltest du dir die verschiedenen Arten bewusst machen. So gibt es beispielsweise die Einteilung nach der Geografie. Wenn du in der Zukunft bestimmte Länder vorne siehst, dann könntest du einen ETF auf diese Länder kaufen. Ein China-ETF enthält beispielsweise nur chinesische Aktien. Du hast auch die Möglichkeit, einen ETF auf Europa, oder gleich auf die ganze Welt zu kaufen.

Damit du dir einen für dich gut geeigneten ETF aussuchen kannst, solltest du außerdem die Unterscheidung zwischen ausschüttenden und thesaurierenden ETFs wissen. Wie der Name schon sagt, schütten ausschüttende ETFs die Dividenden an die Aktionäre aus. Bei thesaurierenden ETFs werden die Erträge nicht ausgeschüttet, sondern direkt wieder in den ETF angelegt. Wenn du auf die Ausschüttungen nicht angewiesen bist, weil du sie eh nur wieder in den ETF anlegen würdest, solltest du den thesaurierenden ETF bevorzugen, da du so weniger Steuern zahlen musst.

Immer häufiger stehen auch ETFs im Fokus, die sich auf spezielle Megatrends fokussiert haben. In diesem Bereich gibt es viele hoffnungsvolle Unternehmen, wobei sich noch keines durchsetzen konnte. Daher hast du hier mit einem ETF die Möglichkeit, auf den Trend zu setzen, ohne dabei sich auf ein bestimmtes Unternehmen festzulegen. Durch die wachsende Digitalisierung und Automatisierung ergeben sich neue Chancen und Risiken. Die Industrie setzt verstärkt auf Roboter, da diese ununterbrochen arbeiten können. Außerdem sind Roboter zwar in der Erstanschaffung teurer, amortisieren sich aber in kurzer Zeit, da keine Löhne fällig werden. Ein weiterer Trend findet sich in der Cyber-Security. Aufgrund der wachsenden Digitalisierung, bei der die wichtigsten Prozesse über ein Netzwerk laufen, sind Netzwerke immer häufiger im Fokus von Verbrechern. Vertrauliche Daten werden heutzutage hin- und hergeschickt, sodass es gilt, diese zu schützen. Viele Unternehmen äußern sich kritisch gegenüber der Digitalisierung, weil sie sich vor Sicherheitslücken fürchten. In der Automobilbranche ist die Elektromobilität ein Riesen Trend. Die Kunden fordern Autos, die mit nachhaltiger Energie betrieben werden können. Wenn du davon überzeugt bist, dass Tesla in diesem Bereich führend bleiben wird, dann solltest du auf diese Aktie setzen. Andernfalls kannst du mit einem ETF auch die etablierten Autobauer abgreifen, falls diese Tesla noch einholen. Automatisierung ist in der Autobranche ebenfalls ein großer Trend. Mit einem ETF auf «Future Mobility» wirst du auch an diesem teilhaben. Nicht zu unterschätzen ist außerdem der Trend der künstlichen Intelligenz. Experten aus aller Welt kommen zu dem Urteil, dass die künstliche Intelligenz enorme Auswirkungen auf unser Leben haben wird. Die künstliche Intelligenz wird uns dabei in verschiedenen Fällen unterstützen. Schon hilft sie bei Übersetzungen. Wissenschaftler haben prognostiziert, dass sich das Marktvolumen in der Branche in den nächsten drei Jahren verdreifachen wird. Ein weiterer Bereich, der gerne mit einem ETF abgebildet wird, ist der Bereich Wasser. Mit einem Wasser-ETF partizipierst du an der Kursentwicklung von Unternehmen der Wasseraufbereitung. Wasser ist das wichtigste Gut, das wir haben.

Des Weiteren gibt es noch die Unterscheidung zwischen physischen und synthetischen ETFs. Wenn du dir einen physischen replizierenden Fonds kaufst, dann wird der abgebildete Index zu 100 Prozent abgebildet. Dabei handelt es sich um eine sogenannte Vollreplikation. Neben der Vollreplikation gibt es noch die Teilreplikation. Bei sehr großen ETFs ist es nicht immer möglich, den Index 1zu1 abzubilden. Bei dem MSCI World, mit seinem 1.600 Aktien, ist dies besonders schwierig. In dem Fall werden von den 1.600 Aktien nicht alle übernommen, sondern nur diejenigen, die maßgeblich für die Kursentwicklung abhängig sind. Das kann entsprechend zu kleineren Abweichungen gegenüber dem Index führen. Die Abweichungen werden auch Tracking Error genannt. Die physische Nachbildung ist im Vergleich zur synthetischen Bildung aufwendiger und kostenintensiver. Bei einem synthetisch replizierenden ETF werden die Aktienwerte der im Index vertretenden Unternehmen nicht direkt gehalten. Stattdessen wird die Wertentwicklung über Derivate abgebildet. Dafür werden Swaps genutzt, die die Wertentwicklung die Indices abbilden. Die Swaps werden dabei von einer Bank herausgegeben. Die synthetischen ETFs haben einen geringeren Tracking Error, da sie den Index genauer nachbilden. Dabei solltest du allerdings nicht das Kontrahentenrisiko unterschätzen. Wenn der

Herausgeber des Swaps, die Bank, in die Insolvenz geht, dann könnte das Auswirkungen auf deinen ETF haben. Die OGAW hat allerdings zum Wohle der Anleger beschlossen, dass das Kontrahentenrisiko bei maximal 10 Prozent liegen darf. Das heißt für dich: Im schlechtesten Fall wirst du maximal 10 Prozent des Vermögens verlieren.

Des Weiteren gibt es die Einteilung von ETFs nach Strategien. Du kannst dir deinen ETF nach einer Aktienstrategie auswählen, falls du dort Präferenzen hast. Die berühmteste Strategie ist die des Value Investings. Die Investment-Legende Warren Buffett investiert seit vielen Jahren nach dieser Strategie und fährt damit überdurchschnittliche Gewinne ein. Die Philosophie dahinter ist so einfach wie genial: Investiere in Unternehmen, dessen aktueller Unternehmenswert größer ist als der Marktwert. Dann wird auch von Unterbewertung gesprochen. Dahinter steht die Annahme, dass sich der Unternehmensname langfristig den Fair Value anpassen wird. Eine weitere klassische Strategie ist die des Growth Investings. Dabei wird vor allem nach den Unternehmen Ausschau gehalten, die überdurchschnittlich stark wachsen. Typische Wachstumsunternehmen sind Facebook, Alphabet, Netflix oder auch PayPal. Diese Unternehmen schütten an die Aktionäre keine Dividende aus, da der Gewinn lieber für weitere Investitionen genutzt wird.

Außerdem gibt es neben den klassischen Aktien-ETFs auch noch ETFs, die beispielsweise auf Rohstoffe oder Edelmetalle setzen. Diese ETFs versprechen in der Regel eine geringere Rendite als reine Aktien-ETFs, können aber dennoch als Beimischung sinnvoll sein. Damit kannst du die Schwankung im Portfolio reduzieren. Historische Betrachtungen legen dar, dass Aktien häufig fallen, wenn die Rohstoffpreise ansteigen und andersrum. Als weitere Beimischung gibt es die Renten ETFs. Dabei handelt es sich um ETFs, die Anleihen beinhalten. Daher gilt als Vorbild kein Aktienindex, sondern ein Renten ETF. Die Gründe für einen Anleihen-ETF liegen wiederum in der Diversifikation. Anleihen weisen ebenfalls geringere Schwankungen auf als andere Assetklassen. Allerdings solltest du auch wissen, dass Anleihen im Falle einer Insolvenz nicht mit Aktien gleichgestellt sind. Halter von Anleihen werden im Falle einer Insolvenz vor den Aktionären bedient, sodass Anleihen sicherer als Aktien sind.

Falls dir die Renditen von normalen ETFs zu gering sind und du dir mehr Nervenkitzel erhoffst, kannst du auf gehebelte ETFs zugreifen. Der Hebel von einem ETF bezieht sich auf die Performance. Angenommen du kaufst dir einen ETF mit einem 10er-Hebel, dann wird die entsprechende Performance vom ETF ebenfalls mal 10 genommen. Wenn der zugrundeliegende ETF um ein Prozent steigt, dann wird dein Portfolio um 10 Prozent steigen. Das gilt allerdings auch für die andere Richtung. So kannst du schnell hohe Gewinne und hohe Verluste einfahren. Kurzfristig kann es zu heftigen Schwankungen kommen, sodass du gehebelte ETFs nur nutzen solltest, wenn du schon langjährige Aktienerfahrung vorweisen kannst.

Quellen: https://www.biallo.de/aktienfonds/news/etf-ausschuettend-oder-thesaurierend/

https://de.extraetf.com/ratgeber/investieren-in-megatrends

https://de.scalable.capital/boerse/synthetische-vs-physische-replikation-etfs

https://diyinvestor.de/sind-indexfonds-bzw-etfs-auch-fuer-value-investoren-interessant/

https://de.bergfuerst.com/ratgeber/anleihen-etf

WAS SIND WICHTIGE INDICES?

Jetzt haben wir die ganze Zeit davon gesprochen, dass ETFs einen Markt, also einen Index abbilden, aber welche Indices werden üblicherweise abgebildet? Welche Indices sind wichtig und welche solltest du kennen, wenn du auf der Suche nach einem geeigneten ETF bist? Mittlerweile gibt es über 265 Indices, sodass du die Qual der Wahl hast. Die folgenden Abschnitte sollen dir dabei helfen, einen Überblick zu gewinnen.

Der bekannteste deutsche Index ist der DAX. Darin sind die 30 größten Unternehmen enthalten. Wenn du auf die großen deutschen Unternehmen wie Adidas, Allianz, BMW, Bayer, SAP oder auch Siemens vertraust, könnte ein DAX-ETF eine gute Wahl sein. Den DAX gibt es mittlerweile in verschiedenen Größen. Die zweite Liga vertritt der MDAX. Darin enthalten sind mittelgroße Firmen. Der MDAX wurde erst im Jahr 1996 eingeführt und enthält 60 Unternehmen. Mit dabei sind Unternehmen wie Airbus, Hugo Boss oder auch Delivery Hero. Falls dir die Unternehmen noch immer zu groß sind, kannst du auch den SDAX anvisieren. Der Index wurde 1999 gegründet und besitzt die 70 nächst kleineren Unternehmen. Also die Unternehmen, die von der Marktkapitalisierung her zu klein für den MDAX sind. Darin enthalten ist beispielsweise der Fußballverein Borussia Dortmund, die Deutz AG oder auch die Autovermietung SIXT. In Deutschland auch immer beliebter wird der TecDax. Enthalten sind die 30 größten Technologiewerte. Mit dem Kauf eines TecDax erhältst du Anteile an der Telekom AG, XING oder auch Freenet. Wie wir bereits gesehen haben, ist ein breit diversifiziertes Portfolio enorm wichtig, daher solltest du dich nicht nur auf den heimischen Markt umschauen. Auch außerhalb der Landesgrenzen gibt es interessante Unternehmen.

Besonders hohe Renditen versprechen die Schwellenländer, da dort noch ein höheres Wachstum als in den Industriestaaten möglich ist. Kaum ein Anleger hat die afrikanischen Regionen und Länder im Fokus. Dabei gibt es auch dort Indices, um eine breite Masse an Unternehmen abzubilden. Der S&P Africa 40 Index enthält 40 Aktien, die zu den größten in Afrika gehören. Am stärksten gewichtet ist aktuell die MTN Group, mit einem Anteil von sieben Prozent. MTN Group ist ein Telekommunikationsunternehmen. Wenn du ein Experte in einem bestimmten Land innerhalb Afrikas bist, dann kannst du dir auch für das Land einen speziellen ETF zulegen. Willst du einen Schwerpunkt auf Ägypten legen, kannst du dies mit dem EGX 30 Index erreichen. Enthalten sind die 30 größten Unternehmen des Landes. Ähnliche Indices gibt es für sämtliche Länder.

Mit der Wahl eines passenden ETFs kannst du auch auf die amerikanische Wirtschaft setzen. Der Index von Argentinien ist unter dem Namen MERVAL bekannt. In dem Index findest du die 17 größten Firmen der Börse Buenos Aires. Der brasilianische Index, Bovespa, besteht sogar aus 71 Unternehmen. Immer beliebter werden auch die Indices von Chile, Peru, Mexiko und Venezuela.

Die bekanntesten Indices der Welt stammen aus den USA. Der Dow-Jones-Index ist ein Spiegelbild der amerikanischen Wirtschaft und enthält die 30 größten Aktiengesellschaften. Den größten Anteil im Dow-Jones-Index macht Apple mit 7,58 Prozent aus. Auf Platz zwei landet Boeing mit 7,09 Prozent Anteil. Ebenfalls noch über sieben Prozent hat das Versicherungsunternehmen UnitedHealth. Platz drei bis fünf belegen Goldman Sachs, Home Depot und 3M. In den USA gibt es für die Transportunternehmen einen eigenen Index, namens Dow Jones Transportation Average. Enthalten sind die 20 größten Transportunternehmen. Dieser Index ist besonders deshalb zu beliebt, weil er auch als Frühindikator der amerikanischen Konjunktur betitelt wird. Transportunternehmen spüren die Folgen einer Rezension meistens deutlich eher als die anderen Branchen, da viele Unternehmen weniger bestellen, wenn die Konjunktur nicht voraussehbar ist und Unsicherheiten bestehen. In dem Transportation-ETF befinden sich Aktien aus den Branchen Flug- und Bahngesellschaften sowie Schifahrten. Fast 100 Jahre alt ist der Dow Jones Utility

Index, der 1929 gegründet wurde und die 15 größten Versorgungsunternehmen enthält. Wenn du den Fokus auf amerikanische Technologiewerte legen möchtest, kannst du auch die 100 größten, US-amerikanischen Tec-Firmen mithilfe des NADDAQ-100 einsammeln und schon hältst du Anteile an Amazon, Alphabet, Apple, Tesla und viele mehr. Mit dem Russell 1000 hältst du Anteile an die größten 1000 Unternehmen. Der Index Russell 2000 enthält Nebenwerte von über 2000 Firmen. Der Russell 3000 enthält die der anderen beiden Indices, sodass sowohl die kleinen als auch die großen Firmen eingefangen werden. Des Weiteren solltest du zwingend den S&P 500 Index kennen. Darin enthalten sind die 500 größten US-Aktien, wie Altria, McDonalds, Netflix oder auch Walt Disney. Wenn du ein Fan von der asiatischen Kultur bist, dann ist ein Asien-ETF eine prima Wahl, um an der volkswirtschaftlichen Entwicklung zu partizipieren. Experten sind sich sicher, dass langfristig die chinesische Wirtschaft die amerikanische einholen wird, da Asien deutliche höhere Wachstumsraten aufweisen kann. Der China Securities Index umfasst die 300 größten chinesischen Firmen. Wenn du keinerlei Präferenzen hast, dann wird der MSCI World dir die Entscheidung abnehmen. Mit über 1.600 Aktien aus über 23 Industrieländern kannst du dir ein breit diversifiziertes Portfolio erschaffen. Viele Anleger ergänzen den stark auf USA ausgerichteten MSCI World durch einen Schwellenländer ETF, um zusätzlich von der Entwicklung der Emerging Markets zu partizipieren.

WORAUF IST BEI DER AUSWAHL EINES ETFS NOCH ZU ACHTEN

Neben einer breiten Diversifikation solltest du vor allem auf die Kosten achten, denn die Kosten sind das Einzige, was du beeinflussen kannst. In vielen Ratgebern wirst du lesen, dass du auch auf die Performance schauen solltest, aber die Performanceangaben eines ETFs beziehen sich immer auf die Vergangenheit. Die Performance der Vergangenheit gibt keine Garantie, dass es in der Zukunft so weitergehen wird. Daher solltest du den Fokus lieber auf die Minimierung der Kosten legen. Die Performance der Vergangenheit gibt dir höchstens einen groben Anhaltspunkt, wie sich der ETF in einer Marktlage entwickeln wird. Profis überprüfen die Performance von ETFs häufig in der Finanzkrise. Wenn der betrachtete ETF sich in einer Finanzkrise gut geschlagen hat, dann wird er das voraussichtlich auch in der nächsten Krise tun.

WAS WIRD BENÖTIGT, UM IN ETFs ANLEGEN ZU KÖNNEN

Zunächst einmal brauchst du ein Depot, um überhaupt investieren zu können. Neben einem Depot brauchst du auch das notwendige Kleingeld. Wer ein Depot hat, aber kein Geld, kann genauso wenig investieren wie wer kein Depot hat, aber jede Menge Geld. Häufig verbreitet sich der Irrtum, dass man für das Investieren an der Börse hohe Summen an Geld benötigt. Dies ist schon seit vielen Jahren nicht mehr der Fall. Mittlerweile kannst du ab einer Summe von 25 Euro über Sparpläne investieren. Sparpläne haben den Sinn, dass jeden Monat eine festgelegte Summe vom Verrechnungskonto in Richtung Depot wandert. Von dem Geld werden dann Aktien- oder ETF-Anteile gekauft. Außerdem gibt es mittlerweile Broker, bei denen du lediglich einen Euro pro Transaktion zahlen musst. So rentieren sich auch kleine Investitionssummen nach kurzer Zeit.

Während du also für das Investieren sparst, kannst du dich in Ruhe mit den unterschiedlichen Brokeranbietern auseinandersetzen. Schau dir genau an, welcher Broker was zu bieten hat. Zum einen solltest du auf das Handelsangebot achten. Nicht jeder Anbieter bietet jeden ETF an. Du solltest dir also im Vorfeld Gedanken darüber machen, in welche ETFs zu investieren möchtest und ob der Broker das Investieren in die ETFs erlaubt. Des Weiteren solltest du auf die Depotgebühren und sonstige Kosten achten. Dabei kann es teilweise schwierig sein, den Überblick zu behalten. Ordergebühren schwanken häufig zwischen einem Euro und zehn Euro. Teilweise fallen auf spezielle Leistungen auch Extragebühren an. So gibt es Broker, die auf die Auszahlung von ETFs hohe Kosten berechnen. Das wäre für dich besonders dann bitter, wenn deine Strategie auf die Dividendenstrategie aufgebaut ist. Des Weiteren solltest du einen Blick auf das Serviceangebot richten. Weil viele Aktionäre immer stärker auf die Kostenminimierung achten, reduzieren die Broker gleichzeitig den Service, um die geringeren Kosten stemmen zu können. Beim Service entscheiden sich die einzelnen Broker enorm. Während einige eine 24/7 Hotline eingerichtet haben, erreichst du andere lediglich über E-Mail. Gelegentlich wird auch ein Live-Chat angeboten.

DEPOTVERGLEICH

Wenn du dir über die Punkte des vorherigen Kapitels Gedanken gemacht hast, dann kannst du dir mithilfe der zahlreichen Depotvergleichsseiten den für dich passenden Broker auswählen. Im Folgenden werden dir drei Broker gezeigt, die die geringsten Gebühren für Einmalanlagen in ETFs und Sparpläne aufweisen:

1. Trade Republic

Die Orderkosten bei Trade Republic sind unschlagbar. Egal wie viel du investieren möchtest, du zahlst immer lediglich einen Euro an Orderkosten. Trade Repbublic bietet den Kunden ein Angebot von 323 ETFs. Damit befindet sich das Unternehmen im Mittelfeld. Das Unternehmen ist allerdings auch noch sehr jung und wurde erst 2015 gegründet. Bereits ab einer Summe von 25 Euro kannst du einen Sparplan einrichten. Bei Trade Republic fallen keine Depotgebühren an und du zahlst für die Ausführung eines Sparplans keinen Cent. TradeRepublic hat allerdings auch nur einen Börsenplatz. Der Anbieter arbeitet ausschließlich mit Lang und Schwarz zusammen, was wiederum bedeutet: Kommt es bei dem Börsenplatz zu Schwierigkeiten, dann kannst du nicht auf dein Depot zugreifen.

2. Smartbroker

Eine ebenfalls sehr preiswerte Bank ist Smartbroker. Bei Smartbroker kostet eine Transaktion vier Euro. Auch hier fällt keine Depotgebühr an. Das Angebot an ETFs ist beim Smartbroker sehr groß. Insgesamt hast du die Qual der Wahl bei 551 ETF-Sparplänen. Knapp die Hälfte der angebotenen ETFs sind sogar kostenlos. Bei den nicht-kostenlosen Sparplänen zahlst du eine Gebühr von knapp 80 Cent. Auch hier liegt die Mindestsparrate bei 25 Euro.

3. Onvista Bank und Comdirect

Auf Platz drei landet die Onvista Bank und die
Comdirect. Bei einer Einmalanlage zahlst du etwa fünf
Euro Gebühren. Depotgebühren fallen keine an. Bei der
Onvista Bank gibt es allerdings keine Aktionssparpläne
und die Mindestsparrate liegt bei 50 Euro. Für die
Ausführung wird eine Summe von einem Euro fällig.
Außerdem ist die Anzahl an ETFs mit 143 relativ
gering. Bei der Comdirect hingegen kannst du auch
bereits ab 25 Euro sparen. Gleichzeitig hat die
Comdirect ein fulminantes Angebot von 608 ETFs
anzubieten, wobei 551 ETFs sogar kostenlos sind. Bei
der Ausführung eines Sparplans wird 1,5 Prozent der
Investitionssumme als Gebühr fällig.

Quelle: https://www.justetf.com/de/online-broker-vergleich/etfs-kaufen.html

ERST DEPOT ERÖFFNEN, DANN SPARPLAN STARTEN

Um sich einen ETF-Sparplan zu erstellen, musst du ein Depot eröffnen. Jetzt wo du dir ein Bild über die verschiedenen Broker gemacht hast, kannst du ganz entspannt ein Depot eröffnen. Für eine Depoteröffnung ist es notwendig, dass du volljährig bist. Der Depotantrag hängt davon ab, für welchen Broker du dich entscheidest. Bei der Eröffnung eines Depots in der Filialbank hilft dir dein zuständiger Berater, aber Vorsicht: Das ist die teuerste Variante ein Depot zu eröffnen! Besser ist die Depoteröffnung bei einer Online-Bank, da diese günstig sind. Die Unterlagen der Online-Bank findest du auf der Homepage der Bank. Im ersten Schritt wirst du Angaben über deinen Wohnort und Angaben zum Gehalt sowie Kontoverbindung machen. Ebenfalls zur Erstausstattung gehört die Einschätzung des Risikoprofils. Bei der Einschätzung des Risikoprofils musst du verschiedene Angaben zu deiner bisherigen Erfahrung mit Finanzprodukten machen. Dabei musst du Fragen beantworten, ob du bereits Erfahrungen an der Börse gemacht hast und womit du schon gehandelt hast. Dabei werden der Reihe nach verschiedene

Assetklassen abgefragt (Aktien, Anleihen, Devisen etc.). Anhand deiner bisherigen Erfahrungen wirst du in eine Risikogruppe gesteckt. In Abhängigkeit dieser Gruppe darfst du nur bestimmte Produkte handeln. Diese Einschätzung dient in erster Linie deiner eigenen Sicherheit. Sie sollen sich selbst dafür schützen, bei riskanten Finanzanlagen viel Geld zu verlieren. Gerade Hebelprodukte klingen für Anfänger verlockend, weil sie sich erhoffen, dass die Hebel lediglich auf positive Renditen angerechnet werden. In der Realität kann der Hebel aber auch schnell ins Negative umschlagen. Im nächsten Schritt musst du dann deine Identität nachweisen. Da hast du mittlerweile zwei Optionen. Entweder du entscheidest dich für das klassische Verfahren und zeigst und gehst für das PostIdent-Verfahren in die nächste Postfiliale und bestätigst deine Identität, oder du wählst das VideoIdent-Verfahren und kannst die Identität bequem von zuhause belegen, indem der Personalausweis in eine Kamera geschwenkt wird. Das VideoIdent-Verfahren ist das deutlich schnellere Verfahren, da du nicht zur Bank laufen musst. Außerdem bekommt der Broker direkt eine Nachricht, dass die Identität bestätigt wurde. Beim Post-Verfahren ist dies nicht der Fall. Da kann es einige Werktage dauern, bis der Prozess weitergeht. Im nächsten Schritt erhältst du nämlich die Unterlagen, mit denen du auf dein Depot zugreifen kannst.

SO ERSTELLST DU DIR EINEN ETF SPARPLAN

Sparpläne werden von vielen Experten empfohlen, da du so an das Investieren ohne großen Aufwand herangeführt wirst. Sparpläne sollten dabei am besten dann ausgeführt werden, wenn dein Gehalt gerade auf dem Konto eingegangen ist, damit du nicht in die Gefahr gerätst, das gesparte Geld doch anderweitig zu verwenden. Wenn die Sparplansumme aber direkt vom Konto gebucht wird, dann musst du zwangsläufig mit dem noch verfügbaren Betrag wirtschaften. Außerdem hast du im Notfall immer noch die Möglichkeit, die Zahlung auszusetzen. Du kannst den Sparplan jederzeit starten und wieder stoppen. Des Weiteren haben Sparpläne den Vorteil, dass du von dem Cost-Average-Effekt profitierst. Der Effekt besagt, dass du bei niedrigen Kursen mehr Aktien bekommst als bei hohen Kursen. Außerdem musst du dir so keine Gedanken über den perfekten Einstiegspunkt machen. Studien zeigen, dass Market Timing nicht funktioniert. Natürlich willst du als Anleger am Tiefpunkt kaufen und am Höchstpunkt verkaufen, aber kein Experte der Welt kann dir den exakten Zeitpunkt nennen, wann das der Fall sein wird. Mit einem Sparplan wird dir die

Entscheidung abgenommen. Du investierst einfach jeden Monat einen gleichbleibenden Betrag und profitierst von den langfristig steigenden Kursen. Sparpläne eignen sich daher hervorragend, um passiv an der Börse Geld zu verdienen. Den eigentlichen Sparplan einzurichten ist ein Kinderspiel. Bei den meisten Brokern gibt es extra eine Schaltfläche «Sparplan anlegen/einrichten», die dich bei der Einrichtung des Sparplans unterstützen wird. Nach dem Klick auf die Schaltfläche musst du im ersten Schritt auswählen, wie viel Geld du investieren möchtest. Dabei kannst du bereits mit einer Summe von 25 Euro starten. Nach oben hin sind keine Beschränkungen gesetzt. Anschließend musst du festlegen, wie lange der Sparplan laufen soll und wann er das erste Mal ausgeführt werden soll. Des Weiteren bleibt die Frage, zu welchem Zeitpunkt der Sparplan läuft. Ursprünglich wurde der Sparplan immer zum 01. Werktag des Monats ausgeführt. Mittlerweile bieten die meisten Broker aber auch die Option, den Sparplan in der Mitte des Monats auszuführen. Letztlich musst du noch festlegen, welcher ETF bespart werden soll. Bei den meisten Brokern kannst du nach den ETFs suchen. Bestenfalls hast du dir im Vorfeld die ISIN- bzw. WKN-Nummer gesucht, um auch wirklich den passenden ETF zu treffen. Wenn der Sparplan erstmal eingerichtet ist, musst du nichts weiter tun als zu warten. Der

Zinseszinseffekt wird für dich arbeiten. Du musst lediglich dafür sorgen, dass du immer genügend Geld auf dem Verrechnungskonto hast. Dafür richtest du bestenfalls ein Dauerauftrag ein, damit auch dieser Prozess automatisiert ist.

ANREGUNGEN VON ETFS

Im Folgenden werden einige ETFs vorgestellt, die dich inspirieren sollen. Dabei handelt es sich um Anregungen und um keine Kaufempfehlungen. Vorlieben bei ETFs sind immer individuell. Der Klassiker unter den ETFs ist der MSCI World: 1.654 Unternehmen aus 23 Ländern. Damit deckst du 85 Prozent der Marktkapitalisierung der Industrieländer ab. In dem Index liegt der Anteil US-amerikanischer Firmen bei 62,4 Prozent. Der Anteil wirkt für ein diversifiziertes Portfolio als zu hoch. Daher kann sich eine Beimischung des Emerging Markets ETF lohnen. Dadurch kannst du den hohen Anteil an amerikanischen Firmen senken. Der MSCI Emerging Markets ETF enthält rund 1.200 Unternehmen aus 26 Schwellenländern. Den größten Anteil im Index macht China aus (31,1 Prozent). Willst du hingegen einen regelmäßigen Cashflow einstreichen, dann könnte ein Dividenden ETF genau das richtige für dich sein. Ein Beispiel wäre der DivDAX, indem sich die 15 Titel mit der größten Dividende befinden. Wenn du es etwas größer haben willst, wäre der STOXX Global Select Dividend 100 Index eine Option, bei dem du mehr als 100 Aktien dein Eigentum nennen darfst. Dividenden ETFs haben den Vorteil, dass du einen regelmäßigen

Cashflow hast. Einige Unternehmen erhöhen die Dividende seit mehr als 25 Jahren. Zwar kommt es in Krisenzeiten auch immer wieder zu Dividendenstreichungen, aber die Mehrheit zahlt weiter. Wenn du nur in Unternehmen investieren möchtest, die nachhaltig und ethisch sozial investieren, dann könnte der MSCI World Responsible UCITS ETF etwas für dich sein. Der ETF investiert beispielsweise nicht in Unternehmen, die mit Alkohol oder Glücksspiel ihr Geld verdienen. Ebenso ausgeschlossen werden die Pornoindustrie und Tabakkonzerne. Waffenhändler und Rüstungsunternehmen wirst du in dem ETF ebenfalls nicht finden.

Quelle: https://de.extraetf.com/ratgeber/investieren-in-dividenden-etfs

https://de.extraetf.com/ratgeber/msci-world-etfs

https://www.nachhaltiges-investment.org/Fonds/Datenbank/Fondoverview.aspx?idfonds=1345

https://www.nachhaltiges-investment.org/Fonds/Datenbank/Fondoverview.aspx?idfonds=1013

WIE LIEST MAN EINEN ETF?

Der Name eines ETFs sorgt häufig für Verwirrung und Abschreckung. Dabei sieht der Name in der Regel komplizierter aus, als er wirklich ist. Zu Beginn steht der Name des Anbieters. Häufige ETF-Anbieter sind beispielsweise iShares, Lyxor oder auch Xtrackers. Im nachfolgenden Kapitel erhälst du einen Überblick über die wichtigsten Anbieter. Nach dem Namen des Anbieters folgt der Indexname. Dieser gibt Informationen darüber, welchen Markt der ETF nachbildet. Diese Information ist für Anleger daher von besonderer Bedeutung. Marktnamen könnten beispielsweise der MSCI World oder auch der DAX sein. An dritter Stelle stehen regulatorische Merkmale. Wenn der ETF an der deutschen Börse handelbar ist, wirst du die Kürzel «UCITS» lesen. Dies steht für «Undertakings for Collective Investments in Transferables Securities». Das Kürzel bezieht sich auf die Anlagerichtlinie, die den Anlegerschutz in Europa regelt. Diese Richtlinie besagt, welche in welche Assets der ETF investieren darf und wie hoch die Grenze der einzelnen Assets sein darf. Immer wenn du UCITS liest, kannst du dir also sicher sein, dass der ETF die europäischen Standards erfüllt. Während du UCITS bei allen in Deutschland handelbaren ETFs finden wirst,

wirst du gelegentlich auch über Abkürzungen wie «SICAV» oder «OEIC» treffen. SICAV ist die Abkürzung für «Investmentgesellschaft mit variablem Grundkapital». Die gleiche Bezeichnung heißt in Großbritannien OEIC und steht für (Open-Ended Investment Companies). Am Schluss des ETF-Namens steht die Art des ETFs. Statt der klassischen Endung «ETF» könnte hier auch «ETC, ETP oder ETN stehen. Wenn du in einen ETF mit der Endung ETC investierst, dann legst du dein Geld in Rohstoffe an. ETN steht für Exchange Trades Notes. Die Abkürzung ETP hingegen wirst du nur sehr selten in einem ETF finden, weil es lediglich ein Oberbegriff und für Exchange Traded Product steht.

WELCHE ANBIETER GIBT ES?

Die Liste der Anbieter von ETFs in Deutschland ist groß. Bei der ETF-Auswahl hilft es aber enorm, die wichtigsten ETFs zumindest schon mal gehört zu haben und einordnen zu können. Ein großer Anbieter ist Amundi. Amundi gehört zu Credit Agricolé, einer französischen Großbank. Amundi hat seinen ersten ETF bereits im Jahre 2001 angeboten. Ein weiterer Anbieter ist Blackrock Asset Management. Die Eigenmarke von Blackrock lautet iShares und ist der Primus in Deutschland mit mehr als 150 verschiedenen ETFs. Wenn du dir einen ETF von iShares ins Depot legen möchtest, kann es zum dem Phänomen kommen, dass es den gleichen ETF an zwei verschiednneen Märkten gibt. Das braucht dich allerdings nicht alle aufhalten, da dies historisch aus Übernahmen entstanden ist. Der ETF-Anbieter der Commerzbank wird Comstage genannt. Comstage hat den Sitz allerdings in Luxemburg. Da sämtliche ETFs von Comstaged ihren Sitz in Luxemburg haben, gilt die Besteuerung zu ausländischen Fonds. Neben der Commerzbank mischt ein weiteres deutsches Unternehmen auf dem ETF-Markt mit. Die Deutsche Bank versucht mit ihrem ETF-Anbieter DB X-Trackers mitzuhalten. Auch diese ist in Luxemburg ansässig.

Insgesamt werden über 100 ETFs angeboten. Wenn du dich nicht auf die klassischen ETFs stürzen möchtest, könnten die Angebote des ETF-Anbieters ETF Securities etwas für dich sein. Deren ETFs sind auf spezielle Bereiche wie beispielsweise Energie fokussiert. Des Weiteren gibt es noch die Gesellschaft Lyxor, welche wieder ihren Sitz in Frankreich hat. Lyxor gehört zu den größten Anbietern in Europa. In Deutschland hast du die Wahl von über 70 ETFs. So gibt es neben den klassischen Aktien-ETFs auch ETFs für Rohstoffe und Anleihen.

Generell sind in Deutschland aktuell knappe 1791 ETFs handelbar. Die meisten der ETFs sind Aktien-ETFs (1093). Auf dem zweiten Platz landen die Anleihen-ETFs (438) bevor auf Platz drei die Rohstoff-ETFs (214) landen. In Europa der größte Anbieter von ETFs ist Lyxor mit einem Anteil von 43,7 Prozent. Weit abgeschlagen auf Platz zwei landet die DWS mit einem Anteil von 10,3 Prozent, ehe Lyxor, UBS und Amundi mit Anteilen von jeweils 7,5 Prozent, 6,6 Prozent und 6,1 Prozent folgen.

Quelle: https://www.verbraucherzentrale.de/wissen/geld-versicherungen/sparen-und-anlegen/welche-anbieter-von-etfs-gibt-es-in-deutschland-16607

ANFÄNGERFEHLER BEIM INVESTIEREN IN ETFS

1. Das ETF-Portfolio zu oft ändern wollen

Beim Investieren an der Börse ist eine langfristige Strategie unabdingbar. Du solltest dir daher im Vorfeld Gedanken darüber machen, welche Strategie du fahren möchtest, damit du nicht in die Gefahr rennst, ständig eine andere Strategie zu verfolgen. Hin und her macht Tasche leer! Du solltest das ETF-Portfolio daher nicht zu häufig umgestalten. Jede Transaktion kostet Geld und schmälert die Rendite. Renne daher auch nicht jeden Hype hinterher. Erst waren die Cannabis-Aktien die großen Unternehmen der Zukunft und jetzt will keiner mehr etwas darüber wissen. Bleibe daher deiner Strategie treu und werde nicht gierig.

2. Einfach irgendeinen ETF wählen

Viele Anfänger starten mit dem Investieren in ETFs und nehmen einfach den erstbesten ETF, den sie finden können. Häufig kommt beim Nachfragen heraus, dass die Personen gar nicht genau wissen, was der ETF überhaupt macht. Den Fehler solltest du vermeiden, indem du dir ein paar Stunden nimmst für eine ausführliche Analyse. So vermeidest du, dass du alle paar Wochen den ETF wechseln musst.

3. Zu denken, die Börse kennt nur eine Richtung

Auch wenn die Rendite von Aktien bei durchschnittlichen sieben Prozent steht, bedeutet das nicht, dass diese Rendite jedes Jahr garantiert erreicht wird. Es gibt Börsenjahre, die laufen sehr gut und bringen zweistellige Renditen und dann gibt es wiederum Börsenjahre, die hohe negative Renditen aufweisen, weil die Börse in dem Jahr deutlich korrigiert hat, oder es sogar zu einem Crash kam. Viele Anleger werden nervös, wenn das Portfolio plötzlich weniger wert ist als vor dem Investieren. Doch davon solltest du dich nicht von deiner Strategie abbringen lassen. Du solltest lieber deine Sparpläne laufen lassen oder gegebenenfalls sogar erhöhen. Dann partizipierst du deutlicher, wenn der Markt wieder hoch geht.

4. Der Währung des ETFs einen zu hohen Stellenwert geben

ETFs gibt es in verschiedenen Währungen. Gerade Anfänger wissen zu Beginn nicht, welche Währung sie nehmen sollen. Dabei ist die Währung des ETFs gar nicht so wichtig, wenn dein Broker ihren Sitz in Deutschland hat. Du kannst lediglich die ETFs kaufen, die in Deutschland zugelassen sind und diese ETFs werden alle in Euro angeboten und gehandelt. Die Währungskursumrechnung wird für dich keinen Mehraufwand bedeuten, da dies von deiner Depotbank übernommen wird. Du brauchst dir daher keinerlei Gedanken um eine Währungskursabsicherung machen. Absicherungen kosten Geld und somit auch Rendite. Außerdem sind die Schwankungen zwischen dem Euro und dem USD relativ gering. Daher solltest du bei der Wahl eines geeigneten ETFs lieber einen Blick auf die Diversifikation und die Kosten werfen.

Quelle: https://depotstudent.de/die-haeufigsten-fehler-mit-etfs/#Fehler_1_ETFs_zum_aktiven_Handeln_nutzen

ZAHLUNGSFÄHIGKEIT

Das Prinzip der Zahlungsfähigkeit hängt mit der Liᵈuidität zusammen, ist jedoch etwas weiter gefasst. Wenn ein Unternehmen solvent ist, verfügt es über ausreichend Vermögenswerte, um seine Verbindlichkeiten zu decken. Wenn alle Gläubiger des Unternehmens ihre Kredite in Anspruch genommen und Zahlungen verlangt haben (wie bei einem Geschäft „Run the Bank"), müsste das Unternehmen kurzfristig Vermögenswerte mit Verlust verkaufen oder veräussern. Die Solvenz wird mit einem Geschäftsverhältnis gemessen, das als "aktuelles Verhältnis" bezeichnet wird und das die kurzfristigen Vermögenswerte (Forderungen, Lieferungen und Vorräte) mit den kurzfristigen Verbindlichkeiten (den Schulden, die Sie im nächsten Jahr fällig haben, wie Ihren Steuern, Lohnsteuern und monatlich) vergleicht Zahlungen für Ihr Unternehmensdarlehen). Das "aktuelle Verhältnis" soll 2: 1 sein. Das heisst, der Wert Ihres Umlaufvermögens sollte doppelt so hoch sein wie Ihre kurzfristigen Verbindlichkeiten. Wie oben erwähnt, ist es schwierig, Vermögenswerte schnell zu verkaufen, ohne Verluste zu erleiden.

Daher benötigen Sie mehr Vermögenswerte, um Ihre Verbindlichkeiten zu decken. Solvenz ist die Fähigkeit eines Unternehmens, ein aktuelles Verhältnis von 2: 1 aufrechtzuerhalten, sodass es Notfälle handhaben und seine Rechnungen kurzfristig (unter einem Jahr) bezahlen kann.

LEBENSFÄHIGKEIT

Das Konzept der Lebensfähigkeit wird oft mit Lebewesen (zum Beispiel Neugeborenen) und ihrer Fähigkeit diskutiert, nicht nur zu überleben, sondern auch zu gedeihen. Wirtschaftlichkeit bedeutet, über einen längeren Zeitraum nachhaltige Gewinne für ein Unternehmen zu erzielen. Das bedeutet nicht, dass jedes Quartal profitabel ist, sondern dass das Geschäft im Laufe der Zeit rentabel ist, was die Liquidität für Notfälle und die Zahlungsfähigkeit für den aktuellen Bedarf vorsieht.

Denken Sie daran, dass ein Unternehmen ohne viel Geld rentabel sein kann. Gewinne sind nur auf dem Papier; Bargeld ist in der Bank.

Warum Geschäftsgrundlagen für das Überleben von Unternehmen unerlässlich sind

Zurück zum ursprünglichen Punkt: Unternehmen gehen oft bankrott, weil sie die Grundlagen vergessen:

Das Unternehmen muss über ausreichend Bargeld für Notfälle verfügen (Liquidität).

Das Unternehmen muss über ein ausreichendes Vermögen verfügen, damit das Unternehmen, wenn Kredite ausgezahlt oder Steuern gezahlt werden müssen, diese "Forderungen" seines Vermögens decken kann (Zahlungsfähigkeit); und

Das Unternehmen muss weiterhin profitabel sein, das heisst, dass es weiterhin mehr Einnahmen als Einnahmen bringt und somit Barmittel und andere Vermögenswerte aufbaut (Rentabilität).

DIE WICHTIGSTEN PRINZIPIEN EINES WIRKSAMEN CHANGE-MANAGEMENTS

Dringlichkeit empfinden und kommunizieren

Gewohnheiten und eingefahrene Rituale sind wichtige Verhaltensmuster, die grundsätzlich sinnvoll sind, weil sie oft Energie und Zeit sparen helfen. Man spricht gerne von der Komfortzone, in der Menschen sich sicher und kompetent fühlen. Neues ist für viele angstbehaftet und verlockend zugleich. Zwei wesentliche Motivationen sich zu bewegen ist etwas bekommen zu können, was man nicht hat oder etwas loszuwerden, das man nicht haben möchte. Nur dann, wenn sowohl die Führungskräfte als auch die Mitarbeiter die Dringlichkeit von Veränderung empfinden, werden sie auch genug Energie dafür aufbringen. Ansonsten ist der Widerstand gegen den Wandel, das Festhalten an alten Mustern, die Angst, alte Gewissheiten und liebgewordene Gewohnheiten verlernen zu müssen, einfach zu gross.

Eine starke Veränderungskoalition schaffen Grössere Veränderungen werden nur möglich, wenn eine entscheidende Führungsgruppe gemeinsam und konseäuent an einem Strang zieht. Nur dann kann das Führungsteam andere überzeugen und adäquat mit den unweigerlich auftretenden Widerständen umgehen. Es hat sich daher bewährt, in einer Vorphase des Change-Prozesses im kleinen Führungskreis die angestrebte Veränderung mit allen Konseäuenzen – auch dem zu erwartenden Gegenwind – im Rahmen eines Teamcoachings vorweg zu nehmen. Dabei ist zu klären, wie weit man tatsächlich gemeinsam kommen will und kann. Stellen sich dabei zu grosse Meinungs- oder Werteverschiedenheiten heraus, ist es manchmal besser, den Prozess gar nicht erst zu beginnen – oder kritisch das Führungsteam als solches zu hinterfragen oder die Veränderungsschritte klein zu halten. Bei dieser Gelegenheit kann das „Change-Team" auch auf die zu erwartenden typischen Phasen der Veränderung mit den damit verbundenen teilweise sehr intensiven Emotionen vorbereitet werden. Generell ist es für wirksame Veränderungen durch diese Phasen hindurch wichtig, die Unterstützung der nächsten Ebene zu erhalten.

Im Krankenhaus sind dies die Chefärzte, die Pflegeführungsebene sowie die führenden Köpfe der Servicebereiche. Es ist das Mittel der Wahl, klare und ehrliche Angebote seitens der obersten Führungsebene zu unterbreiten, sich an dem Veränderungsprozess mit seinen Zielen und Massnahmen aktiv und gestaltend zu beteiligen. Wenn die Menschen im Unternehmen bemerken, dass sie mit ihren Ideen und Einwänden ernst genommen werden, sind sie auch eher bereit für die Veränderungen.

METAZIELE UND VORAUSSETZUNGEN KLÄREN

Es hat sich in unserer Change-Praxis ausserordentlich bewährt, noch vor den inhaltlichen Aspekten der Veränderung wie Zielen und Zukunftsvorstellungen zu klären, welche Vorteile und welcher Nutzen von einer gelungenen Veränderung zu erwarten sind und welche Voraussetzungen für eine wirksame Veränderung für wichtig gehalten werden. Bei diesem Schritt werden sehr viele Informationen über ansonsten stillschweigende Voraussetzungen, geheime Spielregeln und Zustände, die man im Unternehmen haben oder am liebsten loswerden möchte, bekannt.

Den Strategierahmen und Inhalte festlegen

Menschen entscheiden sich nur für Veränderungen, wenn sie sich diese vorstellen können. Das bedeutet, sie müssen ihnen innerhalb ihres eigenen „Denkrahmens" angemessen und verständlich vermittelt werden. Das Erarbeiten und Festlegen von vorstellbaren Zielen und Massnahmen gehört also immer in das erste Drittel eines gelungenen Change-Prozesses, nachdem Metaziele und Voraussetzungen geklärt sind. Je mehr die Mitarbeiter im Unternehmen selbst an der Planung und Umsetzung beteiligt werden, desto grösser ist ihre Akzeptanz gegenüber Massnahmen, die den gemeinsamen Vorstellungen entspringen.

SYSTEMATISCH ARBEITEN

Der Mensch ist keine Maschine, bei der eine lineare Ursache-Wirkungsbeziehung herstellbar ist, sondern ein komplexes System mit ebenso komplexen Selbststeuerungsmechanismen. Besonders in der sozialen Interaktion mit anderen Menschen nimmt Kommunikation eine Schlüsselrolle ein: Wenn Sie die Kommunikation im System verändern, dann verändert sich auch das System als solches. In Unternehmen wird häufig zu viel informiert und zu wenig kommuniziert. Führung im Change-Kontext lebt von wirksamer, offener und vor allem dialogischer Kommunikation.

Eine wichtige Metastrategie für erfolgreichen Wandel besteht darin, Transparenz herzustellen, Konsequenzen sicherzustellen und Mitwirkung zu ermöglichen. Wenn im System klar ist, wer die „rote" und wer die „grüne" Laterne hat, dann wird sich Veränderung schon deswegen einstellen, weil keiner für alle erkennbar gerne das Schlusslicht bilden möchte, was Bewegung zur Folge hat. Wenn Handeln oder Nichthandeln entsprechende negative oder positive Folgen mit sich bringt, dann führt das zu Veränderung.

GROSSGRUPPENARBEIT IM CHANGE ANWENDEN

Wenn Sie mit den K-Kreisen interaktiv arbeiten möchten, insbesondere mit K3 und K4, dann stossen übliche Workshopmethoden schnell an ihre Grenzen. Es gibt eine ganze Reihe von praxiserprobten und inzwischen weltweit verbreiteten Grossgruppenformaten, mit denen man mit 40 bis 1000 (!) Teilnehmern produktiv und interaktiv arbeiten kann. Beispiele hierfür sind die Impulskonferenz (Open Space Technology), die Zukunftskonferenz (Future Search), das World-Café und viele andere mehr. Der Vorteil ist, dass man sich einen Raum schafft, in dem man gemeinsamsozusagen am „offenen Nervensystem" der Organisation arbeitet.

Es geht dabei immer um das Einladen der „kollektiven Intelligenz", um noch mehr gute Ideen und Lösungen zu generieren, es geht um die Gruppe an sich, denn Entscheidungen, die in einer Gruppe in einem ehrlichen interaktiven und emotionalen Prozess getroffen werden, haben auch für die einzelnen Gruppenmitglieder oft hohe Verbindlichkeit und es geht auch darum, Menschen zu gewinnen, die im weiteren Change-Prozess bereit sind, mehr Verantwortung zu übernehmen (sog. Change-Agents). Insofern ist Grossgruppenarbeit ein wesentliches Element für erfolgreiche Veränderung.

GLAUBENSSÄTZE IN DER UNTERNEHMENSKULTUR

Für den ehemaligen MIT-Professor E. Schein wird der wahrnehmbare Teil der Kultur eines Unternehmens (was Sie hören, sehen, fühlen können) von der meist unbewussten Ebene der Werte (was den Menschen im Unternehmen wichtig ist) und von den Überzeugungen und Glaubenssätzen (was die Menschen glauben, was für sie wahr ist) gespeist.

Im Change-Management geht es immer auch darum, auf dieser tiefen und unbewussten Ebene zu arbeiten. Wenn Menschen im Unternehmen glauben würden, dass das Klinikum auf keinen Fall untergehen kann, egal welche Resultate erwirtschaftet werden, dass es sowieso egal ist, was die „da oben" sagen und – was immer man tut oder nicht tut – es sowieso keine wirklichen Konsequenzen gibt, dann wird ein aktives Change-Management schwierig werden. Um diese Glaubenssätze wirksam zu verändern, setzt man die oben beschriebene Metastrategie ein (Transparenz, Konsequenz, Mitwirkung) und es ist wesentlich, dass die Führungskräfte Versprechen machen – und auf jeden Fall halten. In der Folge wird sich mit der Zeit das Glaubenssystem verändern. Man wird glauben, dass sowieso etwas geschieht, wenn „die da oben" etwas ankündigen, dass es Konsequenzen gibt und es sich lohnt, mitzuwirken und mitzugehen. Erst dann gelingt Change im System Ihres Unternehmens tatsächlich und nachhaltig.

ZUSAMMENFASSUNG UND EIN EXPERIMENT WAGEN

Die aus unserer Praxis der Veränderungsbegleitung wichtigsten Prinzipien sind Ihnen nun bekannt. Wenn Sie stets beachten, dass Sie es im Unternehmen i.d.R. mit Menschen zu tun haben, die selbst dem Bedürfnis nachgehen, sinnerfüllt ihre Arbeit zu verrichten und im Grunde genommen – wenn man sie lässt – auch ihren Anteil zum Grossen und Ganzen im Unternehmen beitragen möchten, dann werden Sie sicher ein erfolgreicher „Change-Manager". Und noch ein Tipp für ein kleines (Selbst-) Experiment am Schluss: Selbst dann, wenn Ihre Kollegen und Mitarbeiter anders zu sein scheinen als im vorherigen Satz beschrieben, dann probieren Sie einfach einmal aus – nur für eine gewisse Zeit – anzunehmen, Ihre Mitarbeiter wären so und verhalten Sie sich selbst entsprechend. Seien Sie gespannt auf die bei diesem „Experiment" gewonnenen Erkenntnisse!

FINANZIELLE GRUNDSÄTZE

die wesentliche Grundsätze finanziellen Erfolges nach R. Kiyosaki zusammen.

Dein mächtigstes Werkzeug ist dein Verstand. Trainiere ihn. Investiere in deine Bildung. Nur so wirst du auf Dauer Erfolg haben. Durch unser tägliches „Beschäftigt-Sein" geraten wir häufig in eine Spirale hinein. Wie Roboter arbeiten wir Dinge ab ohne unsere Vorgehensweise, die Effizienz oder gar Sinnhaftigkeit unseres Tuns zu hinterfragen. Und schon wieder sind einige Monate vergangen. Menschen vergessen es AKTIV nachzudenken. Wer nimmt sich schon regelmässig Zeit, um sein eigenes Handeln zu reflektieren, zu hinterfragen und neue Pläne zu schmieden? Schätzungsweise sind dies nicht einmal 0,01 % der Menschen. Wie wäre es, wenn du dir bewusst vornimmst, alle zwei Tage für 15 Minuten zu reflektieren?

Es brach mir das Herz, Studenten zu sehen, die die Antworten kannten, aber denen der Mut fehlte, auf Basis ihres Wissens zu agieren. Angst und Selbstzweifel sind die grössten Distraktionen persönlicher Genialität. Da ist etwas Wahres dran. Ich lerne an Universitäten unheimlich intelligente Menschen kennen. Mir ist aufgefallen, dass - besonders an staatlichen Universitäten - nicht nach dem Motto „think big" gedacht wird. Wenige der Studenten denken ausserhalb der üblichen Strukturen. Viele junge, intelligente Menschen sind nicht im Klaren darüber, welches Potenzial sie haben und was möglich ist. Von grossen Visionen ganz zu schweigen.

In unserer Welt sind es häufig nicht die klugen Menschen die vorwärtskommen, sondern die Mutigen/ Kühnen. Ich bin konstant geschockt darüber, wie wenig talentierte Menschen verdienen. Viele Menschen haben ein stark ausgeprägtes Sicherheitsbedürfnis, das sie durch ein festes monatliches Einkommen befriedigen möchten. Alles andere sei zu riskant. Der springende Punkt ist jedoch, dass Menschen aufgrund ihres starken Sicherheitsbedürfnisses stets mit einem gewaltigen Anteil ihres Gehaltes büssen.

Junge Menschen sollten Jobs annehmen, in denen sie viel lernen und nicht Jobs, in denen sie das meiste Geld verdienen. Hier gibt es von meiner Seite aus wenig zu kommentieren. Für den langfristigen Erfolg ist der Faktor Weiterentwicklung wichtiger als der Faktor Gehalt. In einem dynamischen StartUp kann über Unternehmertum deutlich mehr gelernt werden, als in einer Firma mit Namen aber starren Strukturen.

Es geht nicht darum, wie viel Geld du verdienst, sondern wie viel du behältst. Umso höher das Einkommen von Menschen ist, desto höher sind ihre Ausgaben. Wer kennt nicht die Erzählungen der Lotto-Gewinner, die nach ein paar Jahren finanziell wieder dort angekommen waren, wo sie sich vorher befanden oder sich in einer noch schlechteren finanziellen Lage? Menschen neigen dazu, ihren Lebensstandard und damit ihre Ausgaben kontinuierlich zu ihrem Einkommen zu steigern. Unabdingbar hier sind Disziplin und Enthaltsamkeit.

Während die Mittel- und Unterschicht Luxusgüter zuerst kaufen, kaufen die Reichen diese zuletzt.

Der geleaste Traumwagen, die überteuerte Wohnung, der neue Flachbildfernsehen. Am Ende des Monats ist das Gehalt beinahe vollständig aufgebraucht oder das Konto überzogen. Smarter ist es, Investitionen zu Beginn des Monats fest einzuplanen. Und Konsumgüter mit dem Übriggebliebenen zu kaufen.

Die Reichen arbeiten nicht für Geld, sondern lassen Geld für sich arbeiten. Lege das Geld an und lasse es 24 h/Tag für dich arbeiten und das sogar über Generationen hinweg. Willst du finanziell unabhängig sein, bemühe dich um ein eigenes Unternehmen.

Die Ursache, dass Menschen in finanzielle Schwierigkeiten geraten, ist häufig, dass sie für jemanden anderen arbeiten. Ihr Bemühen zahlt sich nicht aus." Verbringe nicht dein ganzes Leben damit, für jemanden anderen zu arbeiten. Überlege dir Möglichkeiten, wie du Geld verdienen kannst, ohne immer „anwesend" sein zu müssen. Eine Möglichkeit ist, Unternehmen zu besitzen, die von anderen geführt werden. Natürlich kannst du dagegen argumentieren, für den Kauf eines Unternehmens brauchst du schliesslich ein solides Eigenkapital, das du zu Beginn häufig noch nicht besitzt. Step by Step. Es handelt sich hier um längerfristige Ziele. Ein Job, in dem du gut verdienst, würde eine gute Basis bieten und deinen Weg zum Unternehmertum beschleunigen. Des Weiteren gibt es auch Möglichkeiten ohne Kapital passives Einkommen zu erzeugen. Konsum ist niemals eine intelligente Investition.

Überall ist Gold. Menschen sind nur nicht geübt darin, es zu sehen. Grossartige Gelegenheiten kann man nicht mit den Augen sehen, sondern nur mit dem Verstand. Menschen sind selten rationale Denker. Sie entscheiden sich häufig für das, was "glänzt". Aber welche Immobilien werfen in Relation tatsächlich die höchsten Renditen ab? Nicht die Villen in der Pampa, sondern die Einzimmerapartments direkt am Flughafen.

Einfache Mathematik und ein logischer Menschenverstand sind alles, was du benötigst, um finanziell erfolgreich zu sein. Wenn die Möglichkeit zu komplex ist und du das Investment nicht verstehst, lasse dich nicht darauf ein. Um Zusammenhänge in der Wirtschaft verstehen zu können, musst Du kein BWL Profi sein, kein Informatik Genie, um eine eigene Webseite zu programmieren, und kein Wirtschaftsmathematiker, um realistische Prognosen zur wirtschaftlichen Entwicklung stellen zu können. Finanzielle Bildung besteht nach Robert Kiyosaki ausfolgenden vier Bestandteilen: dem Verständnis von Zahlen und dem der Marktwirtschaft, dem Wissen über Investition und dem über unsere Gesetze. Dies sind Dinge, in die sich jeder Student selbst hineinarbeiten kann. Was ihr nicht versteht und was mit komplizierten mathematischen Formeln dargestellt werden muss, ist nach Kiyoski immer ein schlechtes Investment.

Wohlhabende Menschen müssen kaum etwas versteuern. Vor allem aber die gebildete Mittelschicht zahlt immense Beträge an Steuern. Das Geheimnis wohlhabender Menschen ist der Besitz eines eigenen Unternehmens, mit dem sie Steuern einsparen. Eine Person die die steuerrechtlichen Vorteile kennt, wird deutlich schneller finanziellen Erfolg haben, als eine die diese nicht kennt. Es ist derselbe Unterschied, wie laufen oder fliegen! Als Unternehmer generierst du Einkommen, reinvestierst so viel wie möglich und musst lediglich das Übriggebliebene versteuern. Als Angestellter erhältst du dein Einkommen, von dem die Steuern sofort abgezogen werden und finanziert sich mit dem Übriggebliebenen. Dies ist eine der grössten legalen Steuerlücken, die die Reichen nutzen. Unser Steuersystem ist auf globaler Ebene nicht progressiv, sondern regressiv. Je grösser und reicher jemand ist, desto weniger Steuern bezahlt er.

Der Hauptunterschied zwischen finanziell erfolgreichen und nicht erfolgreichen Menschen, ist ihr Umgang mit der Angst. Der Grund, warum die meisten Menschen finanziell nicht gewinnen ist, weil ihre Angst vor Verlusten viel grösser ist, als das Vergnügen reich zu sein. Dies ist für Robert auch ein Grund gewesen, weshalb er die Schule nicht mochte. In der Schule lernen wir, dass Fehler schlecht sind und werden dafür bestraft. Menschen lernen jedoch durch ihre Fehler. Dieses Gesetz gilt auch für Reichtum. Gewinner haben keine Angst zu verlieren. Aber Verlierer haben Angst davor. Menschen, die um jeden Preis Misserfolg vermeiden möchten, vermeiden auch Erfolg. Sieh es wie in einem Tennisspiel. Play hard, make mistakes, correct, make more mistakes, correct and get better.

Wenn es um Geld geht, wollen die meisten Menschen kein Risiko eingehen und sich sicher fühlen. Sie werden nicht von Leidenschaft geleitet, sondern von Angst. Viele Menschen denken mit ihren Emotionen. Keiner mag es, Geld zu verlieren. Die einzigen Menschen, die noch kein Geld bei Investitionen verloren haben, sind die, die nicht investiert haben. Jeder hat eine gewisse Angst davor, Geld zu verlieren. Wichtig ist aber der Umgang mit seiner Angst. Ein Ratschlag von Robert ist dabei, möglichst früh mit dem Investieren zu beginnen. Es sei ein Unterschied ob man mit 20 oder 30 Jahren beginnt.

Zweifel hindern Menschen daran aus dem Hamsterrad auszusteigen. An sich ist der Ausstieg nicht schwierig. Da wären wir wieder. Angst und Selbstzweifel. Nimm dir Zeit dich selbst besser zu verstehen und dich nicht so stark von deinen Ängsten und Zweifeln leiten zu lassen. Wie du das schaffst kannst du hier nachlesen. Ängste und Selbstzweifel reduzieren.

Ich habe noch nie einen Golfer getroffen, der noch nicht einen Golfball verloren hat. Noch nie einen Menschen getroffen, der sich verliebt hat, ohne dass ihm vorher einmal das Herz gebrochen wurde. Und ich habe noch nie einen reichen Menschen getroffen, der kein Geld verloren hat.

Rückschläge und Verluste gehören ganz klar dazu. Sie lassen sich nicht vermeiden. Roberts finanziell erfolgreicher Vater wusste, dass das Scheitern ihn stärker und klüger machte. Er wollte nicht verlieren, aber er wusste wie er damit umgehen konnte. Er würde aus dem Verlust einen Gewinn machen.

Mir ist aufgefallen, dass Menschen, die viel Geld haben, viel und gerne über Geld sprechen. Nicht um zu prahlen, sondern weil sie am Thema interessiert sind. Finanzielle Unabhängigkeit lässt sich mit Geld am besten messen. Wieso nicht von anderen noch erfolgreicheren Menschen lernen?

Der vermeintlich leichte Weg entpuppt sich oft als ein harter und der vermeintlich schwierige Weg, als ein leichter. Dieses Zitat erinnert mich auch an eines von Gerald Hörhan. Geht man Wege, die kaum ein anderer geht, verringere sich auch die Konkurrenz. Trau dich, neue Wege zu gehen.

Ein Job ist nur eine kurzfristige Lösung für ein langfristiges Problem. Was Robert damit sagen möchte, ist, dass finanzielle Unabhängigkeit nicht erreicht werden kann, indem Menschen ihre Zeit gegen Geld eintauschen. Im Gegensatz zu 90 % aller Menschen, lassen sie das Geld in Form von klugen (langfristigen) Investitionen für sich arbeiten. Da unsere Zeit begrenzt ist, ist diese ein sehr kostbares gut. Wirklicher Reichtum sei auch - Zeit zur Verfügung zu haben. Für Dinge, die wir lieben, wie Familie oder unsere Leidenschaften. Zeit ist die wichtigste Form und kann nicht gekauft werden. Der Tag hat nur 24 Stunden. Nur wer finanzielle Freiheit erlangt, kann seine Zeit selbst Planen und sinnvoll

einsetzen. Finanzielle Freiheit erlangt man nur durch finanzielle Bildung.

Hier ist es wichtig das man sich zwei Sachen merkt:
1. Die Reichen Leute arbeiten nicht für Geld, sie lassen das Geld für sich arbeiten. Wem dieser Ansatz gefällt, ist hier genau richtig und sollte in kleinen Schritten lernen, das Geld für sich arbeiten zu lassen.

2. Den Unterschied zwischen Verbindlichkeit und Vermögenswert kennen. Die ist die wichtigste Lektion nach R.Kiyosaki.

Ein Vermögenswert arbeitet für mich. Er sorgt für passives Einkommen.

Ein Beispiel: Ich kaufe ein Haus, der Banker sagt, dies sei ein Vermögenswert. Stimmt aber nicht ganz. Wenn ich selber darin wohne, ist es eine Verbindlichkeit. Wieso? Es bringt mir kein Einkommen, es kostet mich nur Geld, Hypothek, Zinsen, Nebenkosten usw.

Wenn ich dieses aber vermiete und mehr erziele als ich dafür ausgebe, dann ist es ein Vermögenswert und generiert mir ein zusätzliches Einkommen.

Wenn ich mehr über das Investieren in Immobilen lernen möchtet findet Ihr hier mehr Informationen.

https://digitalnews.ch/finanzen

«Wenn es um Geld geht, wollen die meisten Leute ein sicheres Spiel und Risikolosigkeit. Ihr Motiv ist Angst und nicht Leidenschaft»

«Zitat aus Rich Dad, poor Dad»

TIPPS VON SUPERREICHEN: FEHLER, DIE SIE BEIM INVESTIEREN VERMEIDEN SOLLTEN

Dine gute Investmentphilosophie machts aus Demnach ist es wichtig, eine gute Investmentphilosophie zu verfolgen. Investoren sollen sich nicht nur danach ausrichten, was in der Börsenwelt gerade voll im Trend ist, sondern danach, wovon sie selbst überzeugt sind. Bestes Beispiel hierfür: Bitcoin. Man hat gesehen, wie die digitale Devise, die in 2017 einen Riesenhype erlebte, im Laufe des Jahres 2018 ganze 70 Prozent an Wert verlor. Investment-Legende Warren Buffett äusserte gegenüber seinen Anlegern, dass man nach einer Philosophie handeln sollte, die man versteht und die man bis zum Ende durchziehen kann. Wichtig ist es auch, geduldig zu sein und seine Anlagestrategien langfristig anzusetzen. Wohlhabende Menschen setzen sich laut dem Autor für Finanzratgeber, Tom Corley, hin und überlegen, wie sie ihre Ersparnisse in den nächsten 20 Jahren optimal anlegen. Und dabei denken sie nicht nur an sich, sondern an ihre Familie, indem sie schon jetzt für die Enkelkinder und weitere Nachkommen investieren. Sie investieren in Produkte, die im Laufe der Jahre an Wert zunehmen und schaffen Beziehungen mit Organisationen und Clubs, durch die später die Gebühren kompensiert werden.

KEINE PANIK!

Langfristige Anlagestrategien sorgen dafür, dass man auch in volatilen Zeiten die Ruhe bewahrt. Superreiche können in diesen Phasen dank ihrer Liquidität gebrauch von sonstigen Kapitalerträgen machen und stehen nicht unter Druck, verkaufen zu müssen.

Arbeite viel, aber auch klug. Von besonderer Bedeutung ist es auch, sich breit aufzustellen und sich nicht nur auf eine Anlageklasse zu konzentrieren. Kluge Superreiche investieren laut Corley dabei nicht nur in Aktien oder Anleihen, sondern auch in Immobilien, Kommanditgesellschaften oder private Märkte. Vor allem Immobilien eignen sich als längerfristige Anlage, da man durch Mieteinnahmen sich wiederkehrende Einnahmen sichern kann und sich nicht den Kopf zerbrechen muss, wenn es am Aktienmarkt mal nicht gut läuft.

Doch um zu wissen, für welche Investmentprodukte man sich entscheiden soll, sollten Anleger sich Rat von Experten einholen. Denn wenn die Kurse an der Börse verrückt spielen, sind Anleger oft verwirrt und wissen nicht, was sie machen sollen. Aus diesem Grund engagieren Superreiche oftmals Finanzberater, um das eigene Kapital zu schützen und die Risiken zu minimieren. Johnson begründet das damit, dass Unsicherheiten und Stresssituationen einen Anleger oft in die falsche Richtung leiten. Durch einen guten Berater könne das verhindert werden. Man müsste zwar einige zusätzliche Gebühren zahlen, angesichts der langfristigen Gewinne würden sich diese allerdings wieder auszahlen.

FAZIT

In diesem Buch hast du gelernt, was Trading ist und
welche Chancen und Risiken sich beim Traden ergeben.
Du hast gesehen, dass hinter den einzelnen Trades viel
Arbeit steckt und nur die wenigsten Trader davon
leben können. Außerdem gibt es verschiedene Arten
von Trading, bei denen du dir verschiedene Skills
anlernen musst. Grundsätzlich wird dabei zwischen
der technischen Analyse und der Fundamentalanalyse
unterschieden. Während die technische Analyse sehr
kurzfristig ausgerichtet ist, ist die fundamentale
Analyse längerfristiger. Du solltest dir aber immer
bewusst machen, dass Trading ein Nullsummenspiel
ist. Du kannst nur das gewinnen, was ein anderer
verliert. Deswegen kann gerade einmal jeder Vierte
vom Trading leben. Das monatliche
Bruttodurchschnittseinkommen ist allerdings häufig
geringer als das Gehalt eines Durchschnittsverdieners
im Angestelltenverhältnis. Falls du daher lieber eine
passive Geldanlage bevorzugst, wurden dir ETFs
vorgestellt. Damit du dir einen vielversprechenden ETF
aussuchen kannst, musst du dir die unterschiedlichen
Arten von ETFs bewusst werden. Suche dir einige
Indices aus, in denen du mehr Chancen als Risiken

siehst. Außerdem solltest du vor der Depoteröffnung intensiv analysieren, welcher Broker zu dir passt. Nicht alle Broker haben sämtliche ETFs im Angebot.

Das Sparen mit Sparplänen wird empfohlen, damit nicht laufend versucht wird, den optimalen Einstiegspunkt zu finden. Ebenfalls wichtig für das Finden eines passenden ETFs ist das richtige lesen von ETFs. Häufig wissen Anleger gar nicht, was genau sie jetzt gekauft haben.

DIE 25 WICHTIGSTEN

BILANZKENNZAHLEN

Die 25 Kennzahlen sind für den langfristigen Investor oder Anleger von sehr grosser Bedeutung. Anhand dieser Kennzahlen sieht man wie gesund ein Unternehmen ist und ob sich ein Investment lohnt.

#	Bilanzkennzahlen der Liquidität und Verschuldung	
1	Cash Ratio	= Liquide Mittel / Kurzfristige Verbindlichkeiten
2	Quick Ratio	= (Kurzfristige Vermögenswerte – Sachanlagen) / Kurzfristige Verbindlichkeiten
3	Current Ratio	= Kurzfristige Vermögenswerte / Kurzfristige Verbindlichkeiten
4	Dept of Equity	= Gesamtverbindlichkeiten / Eigenkapital
5	Relative Verschuldung	= EBIT / Langfristige Verbindlichkeiten
6	Schulden je Aktie	= Gesamtschuden / Anzahl der ausstehenden Aktien

#	Bilanzkennzahlen Geschäftsaktivitäten	
7	Eigenkapital Rendite	= Gewinn / Eigenkapital
8	ROCE, ROIC	= EBIT / Capital Employed o. Invested Capital
9	Gesamte Kapitalrendite	= Gewinn / Summe aller Vermögenswerte
10	Kapitalumschlag	= Umsatz / Summe aller Vermögenswerte
11	Forderungsumschlag	= Umsatz / Durchschnitt Forderungen aus LuL
12	Inventar Umsatz Verhältnis	= Sachanlagen / Umsatz
13	Days Inventory Outstanding	= (Sachanlagen / Umsatzkosten) x365
14	Days Payables Outstanding	= (Verbindlichkeiten aus LuL / Umsatz) x365
15	Cash Conversion Cycle	= DIO + DSO − DPO

#	Bilanzkennzahlen der Kapitalstruktur	
16	Eigenkapital-quote	= Eigenkapital / Summe aller Vermögenswerte
17	Fremdkapital-quote	= Summe aller Verbindlichkeiten / Summe aller Vermögenswerte
18	Cash je Aktie	= Liquide Mittel / Summe aller ausstehenden Aktien
19	Netto Cash je Aktie	= (liquide Mittel – Summe aller Verbindlichkeiten) / Anzahl ausstehenden Aktien
20	NCAV	= Kurzfristige Vermögenswerte – Summe aller Verbindlichkeiten
21	Buchwert	= Eigenkapital / Summe aller ausstehenden Aktien
22	Materieller Buchwert	= (Eigenkapital – immaterielle Vermögenswerte) / Summe aller ausstehenden Aktien
23	Intagibles to Assets	= (Immaterielle Vermögenswerte + Goodwill) / Summe aller Vermögenswerte

24	Inventarquote	= Sachanlagen / Summe aller Vermögenswerte
25	Pensionsrück-stellungsquote	= Pensionsrückstellungen / Summe aller Vermögens-werte

Alternativen zur Bankenwelt

Ich habe für mich andere Wege und Systeme gefunden mein Geld zu vermehren und neue Einkommensströme gefunden.

Viele Wege führen bekanntlich nach Rom.

Als erstes habe ich MLM oder Multi Level Marketing einfacher ausgedrückt Network Marketing für mich entdeckt. Leider ist für die meisten Menschen jedenfalls im deutschsprachigen Raum, Network Marketing immer noch ein Schneeball System. Da liegt immer eine Unwissenheit zu Grunde.

„Als Schneeballsystem oder Pyramidensystem werden Geschäftsmodelle bezeichnet, die zum Funktionieren eine ständig wachsende Anzahl Teilnehmer benötigen, analog einem Hang hinabrollenden und dabei stetig anwachsenden Schneeball. Vermeintliche Gewinne beziehungsweise vielmehr Liquiditäsüberschüsse entstehen fast ausschliesslich dadurch, dass neue Teilnehmer in dem System mitwirken, eigenes Kapital einbringen oder erwirtschaften. Mitunter gibt es kein oder nur ein überteuertes Produkt, sodass ein Betrugsdelikt vorliegt."

Quelle: https://de.wikipedia.org/wiki/Schneeballsystem

Bekannte seriöse Network Marketing Firmen sind z.B.
- Amway
- Tupperware
- Herbalife
- Party Lite
- Fumee (ich nutze diese hochwetigen Parfumes selbst täglich)
- Forever Living Product (diese Produkte nutze ich selbst regelmässig)
- und viele weitere

Man erhält für das weiter empfehlen der Produkte oder das Einschreiben neuer Teampartner Provisionen.

Eines der einfachsten Systeme ist hier Cup Fresh hier geht es um den Vertrieb von Bio-Kaffeekapseln. Kaffee wird sehr viel getrunken. Die ganzen Vorzüge zu attraktiven Preisen macht es so spannend und dadurch das weiter empfehlen einfacher.

Als nächstes wäre da noch das beste Team der Welt, und zwar die Duftdealer. Hier geht es um Parfüm Doubles in einer Qualität, die man auf dem Markt nicht so einfach findet. Ich trage diese Parfüms täglich und werde immer wieder einmal gefragt, was das für ein Parfüm ist und wo ich das gekauft habe. Dann gebe ich einfach meinen Link weiter und schon gibt es wieder ein paar Euros nebenbei.
https://duftalarm.com

Mit diesen Produkten und den begeisterten Partnern generiert man ein nettes passives Einkommen.

Notizen

Zur kostenlosen Checkliste, Anleitungen und den Tools geht es hier:

https://digitalnews.ch/finanzen

Eine kleine Bitte habe ich noch:

Falls Euch dieses Buch gefallen hat, so freue ich mich über eine Bewertung auf Amazon. Euer Feedback hilft mir, dieses Buch noch besser zu machen.

Falls Ihr Änderungswünsche vergessene Aspekte und Themen habt, dann sendet mir eine E-Mail

Copyright © 2025

Ralf Lendi

Adresse: Kreuzackerstrasse 8, CH- 8645 Jona

Web: https://digitalnews.ch/finanzen

E-Mail: info@lendi-treuhand.ch

Bildrechte & Lizenzen